우씨! 욱하고
화나는걸 어떡해!

우씨! 욱하고 화나는 걸 어떡해!

초판 1쇄 발행 2013년 11월 6일
초판 8쇄 발행 2023년 5월 2일

지은이 한현주
펴낸이 이지은 **펴낸곳** 팜파스
책임편집 박선희
디자인 조성미 **마케팅** 김서희, 김민경

출판등록 2002년 12월 30일 제 10-2536호
주소 서울특별시 마포구 어울마당로5길 18 팜파스빌딩 2층
대표전화 02-335-3681 팩스 02-335-3743
홈페이지 www.pampasbook.com | blog.naver.com/pampasbook
이메일 pampas@pampasbook.com

값 10,000원
ISBN 978-89-98537-28-9 (73810)

ⓒ 2013, 한현주

· 이 책의 일부 내용을 인용하거나 발췌하려면 반드시 저작권자의 동의를 얻어야 합니다.
· 잘못된 책은 바꿔 드립니다.

이 도서의 국립중앙도서관 출판시도서목록(CIP)은 서지정보유통지원시스템 홈페이지(http://seoji.nl.go.kr)와 국가자료공동목록시스템(http://www.nl.go.kr/kolisnet)에서 이용하실 수 있습니다.(CIP제어번호: CIP2013020649)

아이의 분노 조절과 자기 관리, 사회성을 길러 주는 놀라운 감정 표현의 힘!

우씨! 욱하고 화나는걸 어떡해!

한현주 지음 | 박진영 감수 | 최해영 그림

팜파스

어린이 친구들에게

여러분은 화를 잘 내는 편인가요? 그렇지 않은 편인가요?

저는 이 동화를 쓰기 전에 주위 사람에게 물어보았어요. 제가 화를 잘 내는 사람인지 아닌지 말이에요. 그러자 저희 언니가 대답하더군요.

"너는 화를 잘 내는 편에 속하지! 딱 네 이야기를 쓰면 되겠구먼!"

으……. 그 말을 듣고 제가 얼마나 당황했는지 몰라요. 당연히 화를 낼 만한 상황에서 제 감정을 표현한 것뿐인데, 저더러 화를 잘 낸다고 하니 억울한 마음이 들었지요. 순식간에 속이 부글부글 끓어오르면서 눈썹이 절로 꿈틀거리지 뭐예요?

그런데 가만히 생각해 보니 언니의 말도 맞는 것 같았어요. 왜냐고요? 화를 잘 내는 편이라는 언니의 말을 듣는 순간 '욱' 하고 화가 치밀었거든요. '뭐야? 내가 뭘 어쨌다고 저런 소리를 해!' 하면서요.

그날 저녁, 저는 그동안 언제 무슨 일로 화를 냈는지 한 번 돌이켜 봤어요. 화를 낸 다음 제 기분이 어땠고, 어떤 일이 벌어졌는지도 함께요.

  그러자 두 가지 생각이 들었어요. 하나는 '내가 참 별것도 아닌 일에 화낸 적이 많았구나.' 하는 거였어요. 또 하나는 앞뒤를 가리지 않고 화내고 나면, 주변 사람들의 반응이 참 싸늘하다는 점이었지요. 뭐 사이가 서먹서먹해지는 건 두말할 필요도 없고요.

  아! 그렇게 이 생각 저 생각을 하다 보니 이 '화'라는 감정이 참 요상하지 뭐예요? 무조건 참자고 하니 그건 좀 아닌 것 같고. 그렇다고 겉으로 드러내자니 어떻게 표현해야 할지 막막하고요. 또, 어떨 때 화를 내고 어떨 때 화를 내지 않는 게 좋은지도 잘 모르겠더라고요. 머릿속이 온통 뒤죽박죽이 된 느낌이랄까요?

  다행히 저는 동화를 쓰기 전에 화가 날 때는 어떻게 해야 좋은지에 대한 해답을 얻었어요. 그리고 그 해답을 이야기로 녹여냈답니다.

  이 책에 나오는 태풍이는 불끈불끈 화를 잘 내는 친구예요. 그 때문에 곤란한 상황에 처하고, 친구들과도 멀어지게 되지요. 하지만 화나는 것에 대해 하나씩 깨달음을 얻고 나면, 자신의 감정을 잘 조절하게 되면서 행복해져요.

　어쩌면 여러분 중에서도 저나 태풍이와 비슷한 친구들이 있을지 모르겠군요. 내 마음은 그렇지 않은데, 감정 조절이 잘되지 않아서 마구 화내게 된 적이 있나요? 그리고 그것 때문에 문제를 겪은 적이 있나요?

　그런 친구들에게 태풍이의 이야기가 조금이나마 도움이 되었으면 좋겠어요. 단 한 명이라도 이 글을 읽고 도움을 얻었다면 정말 기쁠 것 같아요. 자, 그럼 이야기 속으로 들어가 볼까요?

'화'를 조절하면 '행복해진다'는 사실을 알게 된

한현주

어린이 친구들에게 4

왜 내 마음을 안 알아줘?!! 10

나를 자꾸 열받게 한다구! 19

분노의 이어달리기 29

태풍, 모든 아이의 적이 되다 39

방글방글, 방글이 이모가 나타나다! 52

서먹한 친구들과 한 모둠이 되다니! 66

태풍이의 결심 73

아슬아슬, 첫 번째 회의가 시작되다 **81**

울끈불끈, 화가 나! 참을 수 없어! **93**

정말 화내도 된다고? **103**

욱하고 화내던 태풍이가 달라졌다! **113**

 **124**

화는 무엇으로 만들어지는 거예요?

 **130**

왜 내 마음을 안 알아줘?!!

"어우, 짜증 나. 날이 왜 이리 더워? 아주 삶네, 삶아!"

태풍이는 신경질적으로 손부채질을 했다. 그러고는 걸음을 옮기며 생각했다.

'빨리 집에 가서 선풍기를 틀고 텔레비전 봐야겠다. 이런 기회는 흔치 않으니까!'

태풍이는 엉덩이를 씰룩이며 부지런히 집을 향해 걸었다.

사실 오늘은 지독히 덥다는 것 외에도 좀 특별한 날이다. 선생님의 급한 사정으로 학원에 가지 않아도 되기 때문이다. 태풍이는 콧노래가 절로 나올 것만 같았다. 학원에 빠지려면 거짓말로 핑계를 대는 방법뿐인데, 오늘은 엄마를 속이지 않고도 학원에 안 가도 된다! 이거야말로 손도 대지 않고 코 푸는 격이지 무엇이겠는가!

그래서 태풍이는 며칠 전부터 오늘을 손꼽아 기다렸다. 학원에 가지 않는 시간에 무엇을 할지도 결정해 놓았다. 바로 좋아하는 아이돌 '빛나' 누나가 컴백하는 음악 프로그램을 보는 것이다. 오랜만에 느긋이 앉아 텔레비전을 볼 생각에 태풍이의 걸음은 더욱 빨라졌다.

"어머, 너 태풍이 맞지?"

집에 도착하자 낯선 아줌마가 나와서 인사를 건넸다. 태풍이는 눈이 동그래져서 손님을 쳐다봤다.

"너 초등학교에 들어가기 전에 아줌마를 몇 번 봤는데. 나 모르겠니?"

"……."

태풍이가 어리둥절해 있자 엄마가 다가와서 이야기했다.

"인사드려. 엄마 친구인데 오랜만에 놀러 왔어."

"안녕하세요."

태풍이는 꾸벅 인사했다. 아줌마는 환히 웃었다.

"그래. 그새 몰라보게 컸구나."

아줌마의 반가운 인사에도 태풍이는 어정쩡한 자세로 서 있었다. 그러자 엄마는 태풍이를 툭 치며 말했다.

"뭐해. 방에 들어가서 옷 갈아입지 않고."

태풍이는 가방을 벗어 들고 방으로 향했다. 그러면서도 거실에 놓인 텔레비전에 눈길을 뗄 수 없었다.

'우씨. 하필이면 이런 날 손님이 오다니!'

방에 들어온 태풍이는 옷을 갈아입으며 툴툴거렸다.

'이럴 때 방에 텔레비전이 있어야 하는 건데! 아니 컴퓨터라도 있으면 좋았을 걸……'

하지만 태풍이의 바람과 달리 방에는 텔레비전도, 컴퓨터도 없었다. 엄마가 방에 컴퓨터를 놓으면 게임만 한다고 거실로 옮겨 놨기 때문이다. 시계를 쳐다보던 태풍이는 곧 프로그램이 할 시간이 되자 초조해졌다. 시계 초침이 움직일 때마다 가슴이 두근거리며 마른침이 꼴깍 넘어갔다.

'하, 미치겠네!'

옷을 갈아입은 태풍이는 방문을 열고 밖을 내다봤다. 엄마와 아줌마는 거실 한복판을 떡하니 차지하고 앉아 이야기를 나누고 있었다.

"미정아, 네 아들이 올해 6학년이지?"

"응."

"어렸을 때부터 똑똑하다고 소문났었는데. 요즘도 공부 잘해?"

"비슷하지. 참! 우리 애 이번에 전교 회장이 됐어."

"뭐? 전교 회장?"

"호호호. 나도 몰랐는데 우리 애가 애들 사이에서 은근히 인기가 좋나 봐."

"어머나! 정말 부럽다. 우리 애는 반 회장도 한 번을 못해 봤는데."

"그래?"

"그렇다니까. 반 회장이 다 뭐야. 다른 애들한테 불쑥불쑥 성질이나 안 부리면 다행이지."

엄마는 아무렇지도 않게 주스를 들이키며 말했다. 태풍이는 그런 엄마의 모습에 욱하고 화가 치밀었다. 손님 앞에서 자신을 망신 주다니! 게다가 엄마의 말을 들은 아줌마도 씩 웃는 게 왠지 자기를 비웃는 것 같다. 태풍이는 기분이 확 상했다.

'뭐야. 저 아줌마! 지금 날 무시하는 거야? 빨리 집에나 갈 일이지 왜 남의 집에 와서 아들 자랑이야!'

태풍이는 인상을 찌푸리며 텔레비전 쪽으로 고개를 돌렸다. 바로 그때였다.

"어휴. 벌써 시간이 이렇게 됐네. 나 그만 가 봐야겠다."

아줌마는 천천히 일어나며 말했다. 태풍이는 눈이 번쩍했다. 하지만 엄마의 말에 금세 김이 팍 샜다.

"가기는. 오랜만에 왔는데 저녁을 먹고 가야지."

"번거롭게 저녁은 무슨. 됐어."

"아니야. 너 된장찌개랑 호박 부침개 좋아하잖아. 내가 맛있게 해 줄게."

태풍이는 아줌마를 붙잡는 엄마 때문에 화가 나다 못해 뒷목을 잡고 쓰러질 지경이었다. 그렇지만 이대로 텔레비전을 포기할 수는 없었다. 오늘이 얼마나 벼르고 벼르던 날인가!

'에잇. 일단 나가서 텔레비전을 틀어 버려?'

태풍이가 고민에 빠진 그때였다. 엄마는 방문 밖으로 고개를 내밀고 있는 태풍이를 보고는 소리쳤다.

"어유, 깜짝이야. 너 거기서 뭐하고 있니? 아무튼 잘됐다. 요

앞 가게로 심부름 좀 다녀와."

"뭐라고?"

태풍이는 펄쩍 뛰었다. 아이돌 누나가 언제 나올지 모르는 이 상황에서 심부름이라니!

"싫어!"

태풍이는 엄마의 말을 단박에 거절했다. 하지만 엄마는 태풍이의 말을 무시하고 지갑을 꺼내며 말했다.

"가서 뭘 사 오냐면……."

"아, 싫다니깐!"

태풍이의 짜증 난 목소리에 엄마는 놀란 표정으로 아줌마가 있는 쪽을 살피더니 도끼눈을 뜨며 말했다.

"정태풍! 혼나 볼래?"

태풍이는 불만이 가득한 표정을 지었다. 엄마는 태풍이를 쏘아보더니 돈을 꺼내 주었다.

"호박, 두부, 달걀이랑 밀가루 사 와. 맞다! 식용유도 다 떨어졌으니까 한 병 사 오고. 음식 하려면 시간 걸리니까 빨리 갔다 와야 해!"

결국 태풍이는 엄마에게 떠밀려 심부름을 나섰다. 6시가 가까운 시간이었지만, 해가 긴 여름날이라 그런지 볕은 여전히 쨍쨍 내리쬤고 바람 한 점 불지 않았다. 길은 또 어찌나 달아올랐는지 삼겹살을 올려놓으면 저절로 지글지글 익을 것 같았다.

'아, 짜증 나!'

태풍이는 길가에 있는 빈 깡통을 냅다 걸어찼다. 태풍이는 잔뜩 부은 얼굴로 집 가까이 있는 자그마한 가게로 향했다.

'어! 내가 보려던 거다!'

마침 가게 안에서는 태풍이가 보려던 음악 프로그램을 틀어놓고 있었다. 태풍이는 심부름을 온 것도 까맣게 잊고 화면을 뚫어져라 쳐다봤다.

"네. 지금 많은 분들이 기다리실 텐데요. 오늘 컴백을 하는 빛나 양의 무대가 잠시 뒤에 공개될 예정입니다. 그럼 먼저 다른 가수들을 만나 볼까요?"

태풍이는 화면에 나오는 진행자의 말에 정신이 번쩍 들었다.

'잠시 뒤? 잠시 뒤라고? 그래! 이럴 게 아니라 빨리 집에 가서 봐야겠다. 호박! 호박이 어디 있지?'

태풍이는 정신없이 엄마가 사 오라고 당부한 재료를 찾았다. 그런데 호박이 보이지 않았다.

"아줌마, 여기 호박 없어요?"

"어쩌지? 호박은 다 떨어졌는데."

가게 아줌마의 말에 태풍이는 울상이 되었다. 마음 같아서는 그냥 돌아가고 싶었지만 그럴 수는 없었다. 호박 부침개에 호박이 빠지는 건 말이 안 되니 말이다. 집에 가도 엄마가 다시 다녀오라고 등을 떠밀 게 분명했다.

태풍이는 가게를 나와 큰길 쪽으로 뛰어갔다. 조금 떨어진 곳에 있는 커다란 마트로 가기 위해서다. 거리는 제법 됐지만, 물건은 고루 있어 허탕을 치지는 않을 것 같았다. 태풍이는 숨을 헐떡이며 마트 안으로 들어갔다.

'여기 있다!'

태풍이는 엄마가 말한 재료들을 골라 계산대로 갔다. 저녁 시간이라서 계산대 앞은 전쟁터가 따로 없었다. 결국 태풍이는 한참을 기다리고 나서야 계산을 마칠 수 있었다.

'몇 분이나 지났지? 설마 그 사이에 빛나 누나가 나온 건 아니겠지? 빨리 가야겠다!'

태풍이는 빛나 누나의 무대를 놓칠까 봐 가슴이 조마조마했다. 손에 든 장바구니는 무거웠고, 온몸이 땀범벅이었지만 잠시도 쉴 수 없었다.

'집에 가면 시원한 아이스크림을 먹으면서 텔레비전을 보는 거야! 설마 이렇게 땀을 흘리며 심부름을 다녀왔는데 엄마가 텔레비전을 못 보게 하겠어? 재료도 빠짐없이 사 왔으니 잘했다고 칭찬해 주실 거야!'

태풍이는 기대에 차서 전속력으로 뛰었다.

"삑삑삑삑삑."

집에 도착한 태풍이는 비밀번호를 누르고 현관으로 들어섰다.

"엄마, 나 왔어."

태풍이는 의기양양한 표정으로 집에 들어와 엄마를 찾았다. 심부름을 잘해서 칭찬도 받고, 맛있는 아이스크림을 먹으며 텔레비전을 볼 생각에 절로 신이 났다.

"왜 이렇게 늦게 왔니!"

그런데 이게 웬일인가? 태풍이를 기다리는 건 엄마의 칭찬이 아니라, 차가운 나무람이었다.

나를 자꾸 열받게 한다구!

부엌에서는 보글보글 소리가 나고 있었다. 태풍이가 부엌 쪽을 보니, 엄마는 팔짱을 끼며 태풍이에게 말했다.

"어유, 왜 이렇게 늦게 왔어. 엄마가 빨리 오라고 했는데. 하도 늦어서 다른 음식을 했다고."

엄마의 말에 태풍이는 잠시 멍하니 서 있었다. 칭찬을 기대했는데, 엄마의 꾸중을 듣고 있자니 뭔가 억울한 마음이 커졌다. 엄마는 그런 태풍이의 모습에도 신경 쓰지 않고 가스 불을 살피며 말했다.

"아무튼 재료들은 상하지 않게 냉장고에 넣어 두렴."

엄마의 목소리에는 고마운 기색이 손톱만큼도 없었다. 태풍이는 울컥하는 마음이 들었다.

'이 더위에 심부름을 다녀왔는데 왜 혼이 나야 해?'

바로 그때 태풍이의 머릿속에 아까 본 프로그램의 한 장면이 스쳐 지나갔다. 태풍이는 부리나케 거실로 들어와서 텔레비전을 켰다.

"네. 방금 빛나 씨의 컴백 무대가 끝났는데요. 정말 멋진 무대, 잘 봤습니다."

'방금 끝나? 우리 빛나 누나의 무대가?'

화면 속 진행자의 말에 단춧구멍만 하던 태풍이의 눈이 왕방울만 해졌다. 이것은 믿을 수 없는 상황이다. 태풍이는 넋이 나간 얼굴로 텔레비전을 쳐다보았다. 음악 프로그램이 끝나고 광고가 나오자, 태풍이는 실망에 찬 얼굴로 비닐봉지를 집어 들고 부엌으로 걸음을 옮겼다.

그런데 식탁 위에 빈 아이스크림 통이 놓여 있었다. 바닥까지 싹싹 비운 아이스크림 통에는 숟가락 두 개가 꽂혀 있었다. 엄마와 아줌마가 자신을 기다리는 동안 아이스크림을 먹어 치운 게 분명했다.

'저 아이스크림을 먹으면서 빛나 누나를 보려고 했는데······.'

태풍이는 빈 아이스크림 통을 보자 짜증이 확 솟으면서, 걷잡을 수 없이 분노가 치밀었다.

"으아아아악!"

태풍이의 콧구멍이 순식간에 커지더니 콧김이 쌩쌩 나왔다. 숨소리도 거칠어졌다. 화가 난 태풍이의 모습은 마치 성난 고릴라 같았다. 태풍이는 비닐봉지를 움켜쥐고 제자리에 우뚝 서서 씩씩거렸다.

바로 그때 요리를 하던 엄마는 뒤를 돌아 태풍이 손에 들린 비닐봉지를 보더니 인상을 찌푸렸다.

"엄마가 재료 상한다고 아까 냉장고에 넣어 놓으라고 했잖아. 엄마 말을 못 들었니? 심부름도 늦고. 왜 그래?"

엄마의 말에 태풍이는 '펑' 하고 폭발해 버렸다. 그렇지 않아도 심부름 때문에 계획한 일이 모두 틀어졌는데, 엄마는 심부름하느라 고생했다는 말은커녕 야단만 친다. 태풍이는 더는 참을 수 없었다.

"퍽!"

엄마는 놀라서 두 손으로 입을 막았다. 화가 폭발한 태풍이가 손에 쥔 비닐봉지를 부엌 바닥에 패대기쳤기 때문이었다. 두부는 뭉그러졌고, 깨진 달걀이 비닐봉지 밖으로 흘러나왔다. 그것도 모자라 태풍이는 몸을 부들부들 떨며 엄마에게 악을 썼다.

"내가 똥개야? 내가 똥개냐고!"

"뭐, 뭐야?"

"왜 사람을 똥개 훈련 시켜. 왜!"

"밑도 끝도 없이 그게 무슨 소리야? 얘가 뭘 잘못 먹었나. 갑자기 왜 이래?"

엄마는 얼굴이 홍당무처럼 빨개져서 당황한 표정으로 말했다. 태풍이는 왜 화를 내는지 모르겠다는 엄마의 반응에 더 흥분

했다.

"갑자기? 갑자기라고? 에잇!"

태풍이는 바닥에 있는 비닐봉지를 발로 힘껏 짓밟았다. 그러자 밀가루 봉지가 터지더니 하얀 밀가루가 바닥에 쏟아져 나왔다. 부엌 바닥은 밀가루, 깨진 달걀, 으깨진 두부로 엉망진창이 되었다. 하지만 성난 태풍이의 눈에는 아무것도 들어오지 않았다.

"저기, 나 그만 갈게……."

태풍이는 아줌마의 목소리에 고개를 번쩍 들었다. 태풍이가 엄마와 부엌에 서 있어서, 방에서 막 나오는 아줌마의 모습을 보지 못한 것이다.

"나중에 통화하자."

아줌마는 거실에 놓인 휴대전화를 집어 들더니 얼른 밖으로 나갔다. 당황한 표정으로 서 있던 엄마는 현관문이 닫히는 소리가 나자 정신이 든 모양이었다. 엄마는 손을 들어 태풍이의 등짝을 내리쳤다.

"정태풍! 이게 무슨 짓이야! 엄마를 망신시키는 것도 정도가 있지. 이제 내가 친구 얼굴을 어떻게 보니?"

그러자 태풍이는 눈을 부라리며 엄마에게 더욱 핏대를 세웠다.

"왜 때려! 잘못은 엄마가 해 놓고 왜 나를 때려!"

"뭐? 잘못은 엄마가 했다고? 내가 뭘 그렇게 잘못했는데?"

"몰라. 다 짜증 나. 짜증 나 죽겠다고!"

"이 꼴을 만들어 놓고 그게 지금 할 소리야?"

엄마는 바닥에 쪼그려 앉아 달걀 껍데기를 비닐봉지에 담았다. 그러다 갑자기 화가 치밀었는지 벌떡 일어나 태풍이에게 소리쳤다.

"네가 어지른 거니까 네가 싹 다 치워!"

엄마는 태풍이를 뒤로한 채 전화기를 들고 안방으로 걸어갔다.

"망신살이 뻗쳤어, 정말. 대체 뭐라고 둘러대?"

엄마는 안방으로 들어가더니 문을 쾅 닫아 버렸다.

"에잇!"

혼자 남겨진 태풍이는 바닥에 있는 밀가루 봉지를 몇 번이나 더 밟았다. 그래도 좀처럼 화가 누그러지지 않았다.

시간이 얼마나 흘렀을까. 방으로 들어와 누워 있던 태풍이는 창밖을 내다봤다. 어느새 캄캄한 밤이었다. 태풍이는 눈을 감고 오늘 있었던 일을 머릿속으로 떠올려 보았다. 엄마가 더운데도 심부름을 다녀오라고 재촉한 일, 자신이 땀범벅이 되어 돌아왔는데 엄마는 칭찬은커녕 늦었다며 자신을 나무란 일, 심부름 때문에 빛나 누나의 무대를 놓친 일, 그리고 빈 아이스크림 통을 봤을 때와 엄마가 등짝을 내리친 일이 차례로 떠올랐다. 다시금 분노가 치밀어 올랐다.

'에이 씨!'

태풍이는 주먹을 꽉 쥐었다. 가슴속 꺼져 가던 불씨가 되살아나 활활 타오르는 느낌이었다.

'내가 오늘을 얼마나 기다렸는데. 모처럼 학원에 빠져도 되는 이 황금 같은 날을 망쳐 버리다니!'

자리에서 벌떡 일어난 태풍이는 두 손으로 침대를 쾅쾅 내리쳤다.

'이게 다 그 아줌마 때문이야. 왜 하필 오늘 온 거냐고! 엄마도 그렇지. 다른 음식을 할 수 있었으면서 이 더운 날에 심부름을 왜 보내? 아이스크림도 다 먹고! 이건 날 골탕 먹이려고 일부러 그런 게 분명해. 그렇지 않고서는 이럴 수 없어!'

태풍이는 지나간 일을 곱씹고 또 곱씹었다. 그럴수록 더욱더 오늘 있었던 일이 또렷이 떠오르며 분노가 치밀었다. 태풍이는 베개에 주먹질을 하다가 겨우 진정하고 누웠는데, 또 생각이 나서 허공에 발길질을 했다. 그래도 분노가 가라앉지 않았다. 머리가 지끈거리고 심장이 쿵쾅대는 게 잠을 이룰 수도 없었다.

"아니, 애가! 씻고 있는 줄 알았더니 여태 자고 있었어? 정태풍! 빨리 일어나! 학교 늦겠어!"

태풍이는 자신을 흔드는 엄마의 손길에 눈을 번쩍 떴다. 시계를 보니 일어나야 할 시간을 한참 지나 있었다. 어젯밤 분노로 잠을 못 이루다 새벽에야 잠드는 바람에 아침에 엄마가 자신을 깨우는 소리를 듣지 못했다.

'가방, 가방이 어디 있지?'

태풍이는 세수도 못 하고 아침밥도 거른 채 헐레벌떡 집을 나섰다. 바람을 가르며 땀이 나도록 뛰어서 간신히 지각은 면했지만 기분은 좋지 않았다.

'아침부터 기분이 참 개떡같네. 그나저나 발은 왜 이렇게 아프지?'

태풍이는 이맛살을 찌푸리며 발을 내려다봤다.

'엇!'

신발을 확인한 태풍이는 몹시 당황했다. 예전에 신던 작은 운동화를 신고 온 것이다. 하필 오늘은 체육 수업이 있는 날이다. 그래서 선생님은 발에 잘 맞는 운동화를 신고 오라고 당부했다. 그런데 오늘 아침에 늦잠을 자는 바람에 엉뚱한 신발을 신고 와 버린 것이다.

'왜 이걸 신고 왔지? 작아서 불편한데…….'

태풍이는 짜증이 나서 머리를 헝클어뜨렸다. 역시나 되는 일이 없다는 생각을 하면서 말이다.

분노의 이어달리기

"얘들아. 오늘 체육 수업이 있는 거 알지?"

교실에 들어온 선생님이 태풍이네 반 아이들을 보며 말했다.

"네."

"3반 선생님이 오늘 이어달리기 시합을 하면 어떠냐고 하는데. 너희 생각은 어떠니?"

"좋아요."

"저도 찬성이에요!"

아이들은 모두 고개를 끄덕이며 좋아했다. 선생님은 빙긋 웃음을 지으며 말했다.

"그럼 얼른 선수를 뽑아야겠구나. 여자 선수 네 명, 남자 선수 네 명이 나와야 하는데, 누가 좋을까?"

선생님의 말에 아이들은 너도나도 후보를 추천했다. 이윽고 선수 명단이 추려졌다. 그중에는 태풍이도 끼어 있었다. 물론 태풍이가 뽑힌 건 반 애들에게 인기가 있어서가 아니다. 반 대항 시합이니만큼 달리기 실력이 뛰어난 친구들이 선수가 된 것이다. 그렇다 보니 달리기를 잘하는 태풍이도 선수로 나서게 되었다.

'3반과 시합이라고……'

태풍이는 문득 오늘 신고 온 신발이 마음에 걸렸다. 신발이 좀 작아서 달리기를 하기엔 불편할 수밖에 없었다. 하지만 그동안 3반과의 대결에서 번번이 졌던 터라 태풍이는 어떻게든 시합에서 이기고 싶었다.

'오늘은 기필코 이기고야 말겠어!'

태풍이는 빨리 체육 시간이 오기를 바랐다. 드디어 체육 시간이 되었다.

"자. 먼저 여자 선수들이 시합을 하고, 그다음 남자 선수들이 시합하자."

"여자 선수들은 각자 위치로 가렴."

두 반 선생님의 말씀에 드디어 시합이 본격적으로 시작되었다. 아이들은 열렬히 자기 반 선수들을 응원했다. 선수로 뽑힌 아이들도 그에 보답하듯 온 힘을 다해 달렸다. 태풍이도 아이들 틈에 껴서 두 발을 구르며 크게 소리쳤다.

"야! 빨리 뛰어! 더 빨리 뛰라고!"

손에 땀을 쥐는 경기 끝에 간발의 차로 3반이 승리했다. 3반 아이들은 환호성을 지르며 기뻐했다. 태풍이네 반 아이들은 아쉬웠지만 여자 선수들에게 박수를 보냈다. 하지만 단 한 사람, 태풍이만은 달랐다.

'어유! 하여간 느려 터져서. 굼벵이도 너희보다는 빠르겠다!'

태풍이는 인상을 찡그리며 씩씩거렸다.

이제 남자 선수들이 겨룰 차례가 되었다. 태풍이는 살짝 긴장되었다. 신발이 불편한데다, 상대편 선수들이 만만치 않았기 때문이다. 무엇보다 여자아이들이 졌기 때문에 이번 시합에서 지면 자기 반이 완전히 패하는 상황이다. 승부욕이 남다른 태풍이에게 그건 용납할 수 없는 일이다.

"1반 이겨라, 1반 이겨라!"

"3반 이겨라, 3반 이겨라!"

다시 아이들의 힘찬 응원이 시작되었다. 태풍이는 발이 아픈 걸 꾹 참으며 부리나케 달렸다. 그 덕분에 태풍이네 반은 극적으로 승리를 거두었다.

"와!"

"에이."

한쪽에서는 환호성이, 다른 한쪽에서는 아쉬움의 탄성이 흘러나왔다. 두 선생님은 사이좋게 무승부를 거뒀다며 선수들을 격려했다. 하지만 아이들은 못내 아쉬워하며 소리쳤다.

"선생님, 우리 마지막으로 한 번만 더 해요!"

"맞아요! 승부를 가려야 재밌죠!"

아이들의 바람에 결국 각 반에서 여자 선수 둘, 남자 선수 둘로 팀을 짜 승부를 가리기로 했다. 여자아이 두 명이 먼저 1번 주자와 2번 주자로 뛰고, 태풍이가 3번 주자, 석현이가 4번 주자를 맡았다. 경기를 앞둔 태풍이는 굳은 각오를 다졌다.

'이번엔 반드시 이겨야 해!'

곧 시합이 시작되고, 멀리서 2번 주자인 수진이가 달려오는 모습이 보였다. 그런데 아뿔싸! 수진이가 그만 중간에 넘어져 버린 게 아닌가! 그 바람에 3반 선수가 수진이를 앞질렀다.

"빨리 줘! 빨리!"

뒤늦게 배턴을 넘겨받은 태풍이는 이를 악물고 뛰었다. 작은 신발이 발을 꽉 조여 쥐가 날 것 같았지만 꾹 참았다.

'안 돼! 이대로 질 순 없어!'

태풍이는 악착같이 달렸다. 어찌나 달리기에 집중했는지 아이들의 응원 소리도 귀에 들어오지 않았다. 결국 태풍이는 다른 반 아이를 따라잡고, 마침내 큰 차이로 앞질렀다. 이제 별 문제만 없으면 승리는 태풍이네 반이 차지할 게 분명했다.

"엇!"

바로 그 순간이었다. 마지막 주자인 석현이가 달리던 도중 배턴을 떨어뜨리고 말았다. 상황은 순식간에 역전되었다. 태풍이의 눈에서도 불꽃이 튀어 오르는 것 같았다.

"김석현! 빨리 뛰어!"

태풍이는 숨이 턱까지 차오르는 걸 참으며 소리쳤다. 하지만 석현이가 놓친 배턴을 다시 줍는 사이에 격차가 꽤 벌어졌다. 석현이가 열심히 달렸지만 그 격차를 줄이지 못했다.

"오늘 시합은 3반 승리!"

선생님의 말씀에 3반 아이들은 운동장이 떠나가라 환호했다. 태풍이네 반 선생님은 박수를 치며 말했다.

"괜찮아. 우리 반도 잘했잖니. 어이쿠, 벌써 시간이 이렇게 됐네? 그만 들어가자!"

말을 마친 선생님은 앞장서서 교실로 향했다. 3반 아이들은 만세를 부르고 환호성을 지르며 반으로 향했다. 태풍이는 그 모습에 부아가 치밀었다.

'오늘은 분명히 이길 수 있었는데! 또 졌어!'

태풍이는 제자리에 우뚝 서서 씩씩거렸다. 때마침 옆을 지나가는 수진이와 석현이가 보였다. 신발에 구겨 넣은 발이 욱신거리며 아파 오자 태풍이는 짜증이 솟구쳤다.

'난 발이 아픈 것도 꾹 참고, 기를 쓰며 달렸는데! 이길 수 있는 기회를 망쳐 버려?'

태풍이는 부글부글 끓어오르는 화를 참지 못하고 소리를 빽 질렀다.

"야! 오수진, 김석현!"

수진이와 석현이가 놀라서 뒤를 보자, 태풍이는 두 친구의 코앞에 다가가 소리쳤다.

"너네, 이어달리기를 처음 해 보냐?"

태풍이의 말에 수진이와 석현이는 당황해서 아무 말 없이 있었다. 태풍이는 삿대질을 하며 눈을 부라렸다.

"너희가 실수하는 바람에 결국 졌잖아!"

수진이는 풀 죽은 모습으로 고개를 푹 수그렸다.

"미, 미안해."

옆에 있는 석현이도 머리를 긁적이며 사과했다.

"미안하다. 정태풍."

하지만 두 아이의 사과에도 태풍이는 막말을 퍼부었다.

"미안하다고 하면 다냐? 바보 같은 실수를 해서 이길 수 있는 기회를 날려 놓고?"

태풍이의 말에 석현이의 눈썹이 꿈틀했다. 석현이는 '휴' 하고 한숨을 내쉬더니 태풍이를 보며 말했다.

"야. 실수한 건 미안한데. 말이 좀 심하지 않냐?"

"심하긴 뭐가 심해! 내 말이 틀렸어? 너희 둘이 잘못해서 이길 수 있는 경기를 똥으로 만들었잖아!"

태풍이의 말에 석현이의 얼굴이 발갛게 달아올랐다.

"뭐, 뭐라고? 똥으로 만들어?"

"그래! 똥!"

"너, 말이면 다인 줄 아냐?"

마주 보는 태풍이와 석현이의 눈에서 불꽃이 튀었다. 금방이라도 주먹질이 오고갈 태세다. 그때였다. 태풍이 뒤편으로 날카로운 목소리가 들렸다.

"그만 좀 해라. 정태풍!"

목소리의 주인공은 민선이었다. 민선이는 얼굴이 붉으락푸르락하는 석현이와 빨개진 눈으로 바닥만 내려다보고 있는 수진이를 보며 말을 이었다.

"수진이랑 석현이가 일부러 실수한 것도 아니잖아. 그리고 사람이 실수할 수도 있지. 뭘 그렇게까지 화를 내?"

민선이의 말에 반 아이들은 너도나도 맞장구를 쳤다.

"그래. 민선이 말이 맞아."

"석현이랑 수진이도 속상할 텐데 왜 그러냐?"

아이들의 말에 태풍이는 속에서 불이 확 났다. 자신은 발이 아픈 것도 꾹 참으며 열심히 뛰었는데……. 게다가 지고 있는 상황에서 역전까지 시켰는데……. 어째서 반 아이들은 자신의 편을 들지 않고, 실수를 한 아이들의 편을 드는 걸까? 태풍이는 화가 나 고래고래 소리쳤다.

"우씨! 아무것도 모르면 가만히 찌그러져 있어라!"

민선이는 지지 않고 쏘아붙였다.

"모르긴 뭘 몰라? 우리도 다 보고 얘기하는 건데. 다음에 잘하면 되지. 이렇게 화낸다고 뭐가 달라져?"

"뭐? 다음에 잘하면 돼?"

태풍이는 주먹을 꼭 쥐며 소리쳤다.

"네가 뭘 안다고 그런 소리를 해! 백 미터를 삼십 초에 뛰는 굼벵이 주제에!"

"굼, 굼벵이?"

민선이의 얼굴이 순식간에 흙빛으로 변했다. 아이들은 안 되겠다 싶었는지 우르르 달려들어 둘 사이를 떼 놓았다. 아이들은 민선이를 다른 쪽으로 데려갔다. 그때 태풍이의 귀에 아이들이 하는 말이 꽂혔다.

"민선아. 그냥 네가 참아. 정태풍이 저러는 게 하루 이틀이냐?"

"맞아. 만날 화내는 애랑 말해 봤자 뭐해."

"똥이 무서워서 피하냐? 더러워서 피하지. 가자, 가자."

아이들은 소곤대며 말했지만, 태풍이의 귀에는 아이들의 말이 똑똑히 들렸다. 아이들의 말을 듣자 태풍이는 머리 꼭대기까지 화가 났다. 하지만 수많은 아이들 속에서 누가 그런 말을 했는지 정확히 알 수 없었다. 게다가 수업을 알리는 종이 울리는 바람에 아이들은 후다닥 교실로 들어갔다. 운동장에 덩그러니 남겨진 태풍이는 아이들의 뒷모습을 보며 중얼거렸다.

"쳇. 이젠 날 다 같이 따돌리겠다 그거지? 못된 녀석들!"

태풍, 모든 아이의 적이 되다

교실로 돌아온 태풍이는 기분이 울적했다. 아침도 못 먹은 채 달리기를 해서 그런지 기운도 없었다. 태풍이는 꼬르륵 소리가 나는 배를 쓰다듬었다. 배가 고픈 탓에 선생님의 말씀도 귀에 들어오지 않았다.

점심시간, 태풍이는 자라처럼 목을 쭉 빼고 앞을 쳐다봤다. 오늘의 메뉴는 밥과 김치찌개, 가지나물과 소시지볶음, 깍두기다.

'내가 좋아하는 소시지가 있네!'

태풍이는 냉큼 줄을 서서 식판을 들었다. 그렇지만 곧 마음이 불편해졌다. 하필이면 석현이와 수진이가 급식 당번이기 때문이다. 두 아이는 다른 당번들 사이에 섞여 김치찌개와 소시지를 나눠 주고 있었다. 태풍이는 체육 시간에 있었던 일 때문에 두 아이와 마주하는 게 편치 않았다.

그런데 줄을 서서 기다리던 태풍이의 눈에 석현이와 수진이의 행동이 눈에 띄었다. 석현이는 줄을 선 아이들을 쓱 훑어보더니 수진이에게 뭐라고 속삭였다. 그러자 수진이가 고개를 끄덕이더니 줄을 선 아이들을 눈여겨 살피는 게 아닌가?

'무슨 꿍꿍이지?'

태풍이는 두 아이를 날카로운 눈초리로 쏘아봤다. 곧 음식을 담을 차례가 된 태풍이가 석현이에게 식판을 내밀었다.

석현이는 아무 말 없이 태풍이의 식판에 찌개를 덜어 주었다. 석현이가 덜어 준 찌개를 본 태풍이는 인상을 쓰며 말했다.

"야, 좀 더 줘!"

하지만 석현이는 태풍이의 말에 꿈쩍 안 했다. 잠깐 자기 옷을 살피더니, 태풍이 뒤에 있는 아이들에게 다가오라는 고갯짓을 할 뿐이었다.

태풍이는 석현이를 째려보며 옆으로 걸음을 옮겼다. 뒤이어

수진이가 소시지를 덜어 주었다.

'이게 뭐야!'

소시지 개수를 세어 보니 달랑 세 개뿐이다. 자리에 앉아서 밥을 먹고 있는 아이들과 비교해 보니 자신의 양은 턱없이 적다. 그 순간 태풍이의 머릿속에 체육 시간에 있었던 일이 스쳐 지나갔다. 조금 전에 석현이와 수진이가 얘기하는 모습도 떠올랐다.

'아니, 그럼! 일부러 나한테만 반찬을 조금 주는 거야?'

태풍이의 표정이 순식간에 일그러졌다. 체육 시간에 있었던 일 때문에, 둘이서 자기를 골탕 먹이고 있다는 생각이 들었다.

"야, 오수진, 김석현! 지금 나한테 복수하는 거지!"

수진이는 놀란 표정으로 태풍이를 쳐다봤다. 석현이는 인상을 쓰며 이야기했다.

"생뚱맞게 무슨 소리야? 또 무슨 시비를 걸려고?"

태풍이는 석현이의 말에 욱했다. 분명히 둘이서 속닥이는 걸 봤는데! 자기를 골려 놓고서 모른 척 발뺌하려는 속셈이 뻔했다!

"와. 이 자식들! 오리발을 내미는 거야?"

태풍이는 '탁' 소리가 날 정도로 식판을 내려놓으며 버럭 화를 냈다.

"너희 둘이 짜고 날 골탕 먹이는 걸 내가 모를 줄 알아? 내가 그렇게 만만해 보여?"

수진이는 태풍이의 기세에 놀랐는지 금방이라도 울 것 같은 표정이었다.

"야, 정태풍, 왜 저래?"

"몰라."

"점심시간은 좀 조용히 넘어가나 했는데."

"그래, 알겠어!"

"태풍이는 조금만 주자!"

반 아이들이 술렁이자, 놀란 선생님이 교실로 성큼성큼 들어왔다.

"무슨 일이니? 너희 왜 그래."

선생님은 세 아이들에게 무슨 일이냐고 물었다. 태풍이는 잔뜩 화가 난 목소리로 말했다.

"김석현이랑 오수진이 절 일부러 골탕 먹였어요."

태풍이의 말에 선생님은 몹시 놀란 표정이었다. 태풍이는 씩씩대며 말을 이었다.

"김석현한테 찌개를 더 달라고 했는데 일부러 제 말을 들은 척도 안 했어요. 오수진은 소시지를 눈곱만큼 줬고요. 다른 애들은 팍팍 떠 줬으면서!"

"정말이니, 얘들아?"

선생님은 놀란 눈으로 물었다. 석현이는 고개를 가로저었다.

"아니에요, 선생님. 전 태풍이가 더 달라고 말한 줄도 몰랐어요. 제 옷에 국물이 튀는 바람에 당황해서 쳐다보다가, 뒤에 애들이 기다려서 다시 찌개를 떠 준 것뿐이에요."

"거짓말 마! 너희 둘이 나한테 복수하려고 짜는 거 다 봤거든?"

석현이는 답답하다는 듯 가슴을 쾅쾅 치며 말했다.

"우리가 왜 그런 짓을 하냐? 그리고 대체 뭘 짰다는 건데?"

"끝까지 발뺌하기야? 아까 체육 시간에 있었던 일 때문에 너희 둘이 짜고, 나한테 복수하는 거잖아!"

태풍이의 말에 선생님은 눈이 휘둥그레졌다.

"응? 체육 시간에 무슨 일이 있었는데? 선생님이 모르는 일이 있었니?"

그러자 반 아이들은 앞다투어 이어달리기가 끝나고 생긴 일을 선생님께 이야기했다. 선생님은 태풍이를 보며 물었다.

"그 일 때문에 석현이랑 수진이가 너한테 일부러 그랬다는 거야?"

"네. 제가 줄을 서고 있는데 둘이서 속닥거리는 모습도 똑똑히 봤어요! 김석현이 오수진한테 일부러 음식을 적게 주자고 말한 게 분명하다고요."

"석현이는 그런 말을 한 적이 없어요!"

잠자코 있던 수진이가 울먹거리며 입을 열었다.

"제가 처음에 반찬을 너무 많이 퍼 주는 바람에 소시지가 모자랄 것 같다고……. 애들이 몇 명 남았는지 잘 보고 주라고 말한 거였어요."

수진이의 말에 급식 당번을 한 아이들도 나서서 이야기했다.

"수진이의 말이 맞아요, 선생님."

"저도 석현이가 하는 말을 들었어요. 그래서 저도 깍두기가 모자랄까 봐 나중엔 조금만 퍼 준 걸요."

선생님은 난처한 표정으로 골똘히 생각에 잠겼다. 그러더니 태풍이와 함께 줄을 서 있던 아이들의 식판을 확인했다. 그 애들의 식판 안에는 태풍이와 똑같이 소시지 세 개가 담겨 있었다. 더도 덜도 아닌 태풍이와 똑같은 개수의 소시지가! 거기다 석현이의 옷에는 김치찌개가 튄 얼룩이 크게 남아 있었다.

"흑흑흑."

사실이 밝혀지자 수진이는 별안간 감정이 북받쳤는지 눈물을 뚝뚝 흘렸다.

'뭐야! 어떻게 된 거지?'

태풍이는 가슴이 덜컥 내려앉았다. 아까는 화가 나서 눈에 아무것도 보이지 않았는데……. 분명히 아이들이 자신을 일부러 골탕 먹인 거라 생각했는데……. 알고 보니 수진이와 석현이의 말이 사실이고 혼자 오해해서 한바탕 난리를 친 셈이었다. 태풍이는 아차 싶었다. 하지만 상황은 이미 엎질러진 물이었다. 반 아이들의 따가운 시선이 태풍이에게 쏟아졌다.

"아악! 내가 왜 그랬지?"

그날 모든 수업이 끝난 뒤, 태풍이는 홀로 교실에 앉아 중얼거렸다. 일단 오늘 사건은 서로 오해를 풀고 사이좋게 지내라는 선생님의 당부로 매듭지어졌다. 하지만 그걸로 문제가 해결된 건 아니었다. 오히려 아이들과 태풍이 사이에 메울 수 없는 골이 생긴 느낌이었다.

'휴. 집에나 가자.'

태풍이는 가방을 챙겨 텅 빈 교실을 빠져나왔다. 태풍이가 막 복도를 벗어나 계단으로 내려갈 무렵, 아이들이 얘기하는 소리가 들렸다. 계단 아래를 내려다보니 석현이와 동섭이, 창근이가 이야기하고 있었다.

"석현아, 기분 괜찮아?"

동섭이의 말에 창근이가 옆구리를 쿡 찔렀다.

"너 같으면 괜찮겠냐?"

동섭이는 고개를 가로젓더니 인상을 찡그리며 얘기했다.

"아무튼 정태풍 걔는 이상해. 왜 걸핏하면 화를 내냐?"

태풍이는 자기 이름이 나오자 그 자리에 우뚝 멈춰서 귀를 기울였다.

"누가 아니래? 이어달리기할 때도 정말 웃겨. 솔직히 나도 우리 반이 져서 열 받았지만 걔처럼 길길이 날뛰지는 않았다고. 이미 지나간 일이고 다음에 이기면 되잖아? 근데 걔는 왜 그렇게까지 화를 내는지 모르겠어."

창근이가 팔짱을 끼며 말하자 동섭이도 한마디 덧붙였다.

"난 급식 사건이 더 황당해. 수진이하고 석현이가 얘기하는 걸 제멋대로 해석해서 발끈한 거잖아. 결국 수진이를 울리고 말이야."

동섭이의 말에 창근이는 고개를 끄덕였다. 그러더니 갑자기 석현이와 동섭이의 팔을 툭 치며 말했다.
"야! 그러고 보니 정태풍이 화를 낸 게 어제오늘 일이 아니지 않냐?"

"맞아! 학기 초에 피구할 때 내가 태풍이랑 같은 팀이었잖아. 그때 자기가 시키는 대로 패스하지 않고, 공도 못 맞췄다고 얼마나 화냈는데."

창근이도 뭔가 떠올랐는지 무릎을 탁 쳤다.

"운동화 사건은 또 어떻고. 저번에 기준이가 태풍이더러 신발이 되게 희한하다고 말했거든? 그랬더니 태풍이가 지금 내 운동화를 무시하냐고 길길이 날뛰는 거야. 기준이는 그냥 신발이 특이하다고 말한 거였는데. 걔는 자기 신발이 이상하다고 비웃는다고 생각했나 봐."

"맞다. 나도 그 일 생각나. 하여간 시도 때도 없이 시비 걸고 화내는 데 선수라니까."

"그러니까 별명이 쌈닭이지."

태풍이는 자신에 대해 이러쿵저러쿵 얘기하는 아이들에게 화가 치밀어 올랐다. 한편으로는 커다란 돌덩이를 얹은 것처럼 가슴이 무거워졌다.

"야. 그 자식 얘기는 듣기 싫으니까 그만하고 가자. 이러다 학원 늦겠다."

그때까지 한마디도 하지 않고 있던 석현이가 몸을 일으키며 말했다.

"그래."

"가자. 가."

아이들은 곧 석현이와 함께 계단을 내려갔다. 태풍이는 속상한 마음이 밀려들었다. 당장 오늘만 해도 이길 수 있는 경기를 지는 바람에 속상해서 화를 낸 거였다. 급식 사건도 체육 시간의 일 때문에 잠깐 오해해서 욱한 거였다. 그런데 아이들은 자기 마음을 모르고 손가락질만 하는 것 같아 울적했다.

'휴. 세상에 내 맘을 알아주는 사람은 아무도 없구나.'

태풍이는 터덜터덜 걸음을 옮겼다. 오늘따라 가방이 더 무겁게 느껴졌다.

방글방글, 방글이 이모가 나타나다!

고개를 푹 숙인 채 집 앞에 도착한 태풍이는 비밀번호를 누르러 고개를 들었다.

"하하하하하."

그때 유쾌한 웃음소리가 현관문 밖으로 흘러나왔다. 태풍이는 움찔 놀랐다.

"으하하하하하하."

이번엔 조금 전보다 훨씬 큰 웃음소리가 들려왔다.

'어! 이 목소리는?'

웃음소리를 들은 태풍이는 재빨리 비밀번호를 누르고 안으로 들어갔다. 고개를 뒤로 젖히고 목젖이 다 보일 정도로 호탕하게 웃는 사람이 눈에 들어왔다. 태풍이는 큰 목소리로 외쳤다.

"이모!"

"어! 태풍아!"

이모는 벌떡 일어서더니 부리나케 달려와 태풍이를 꼭 끌어안았다.

"이게 얼마 만이니! 태풍아!"

이모는 다정한 목소리로 태풍이의 어깨를 토닥이며 말했다.

"오랜만에 보니 더 반갑네? 그동안 네가 얼마나 보고 싶었는지 알아?"

부엌에서 과일을 내오는 엄마는 입이 귀에 걸릴 정도로 웃는 이모를 보며 말했다.

"어유, 정말 좋은가 보네? 저번에 전화했을 때도 태풍이 보고 싶다고 노래를 부르더니."

"그럼. 당연히 좋지."

이모는 치아를 드러내며 환히 웃었다.

태풍이네 집에 온 사람은 다름 아닌 막내 이모다. 이모는 '김

방글'이라는 다소 특이한 이름처럼 항상 방글방글 웃고 다녔다. 그래서인지 이모와 함께 있으면 덩달아 기분이 좋아졌다. 물론 그런 데에는 방글이 이모의 성격도 한몫했다. 엄마와 달리 이모는 좀처럼 화를 내는 일이 없었으니까.

"갑자기 무슨 일로 왔어. 이모?"

"응. 전시회 준비도 하고, 처리할 일들도 있고 해서. 이번엔 좀 오래 있다 내려갈 거야."

"정말? 그럼 여기서 지내는 거지?"

"응. 그럼."

이모는 고개를 끄덕이며 다시 환하게 웃었다. 태풍이는 신이 나 자리에서 방방 뛰었다.

방글이 이모의 직업은 사진작가다. 이모는 여기저기 돌아다니며 아름다운 풍경이나 다양한 사람들의 모습을 사진에 담았다. 그중에서도 이모가 가장 좋아하는 장면은 활짝 웃고 있는 사람들의 모습이다. 이 빠진 어린아이건, 주름이 자글자글한 할아버지건, 이모는 웃고 있는 사람들을 찍는 게 가장 행복하다고 말했다.

"이게 전시회에 내놓을 사진들이니?"

"응. 근데 아직 부족해서 더 찍어야 해."

엄마와 이모의 대화에 태풍이는 이모가 찍은 사진들을 들여다보았다. 커다란 사탕을 손에 쥔 여자아이. 친구들과 물총을 갖고 신 나게 장난을 치는 남자아이. 두 손을 꼭 잡고 마주 보는 할아버지와 할머니까지. 사진 속 주인공들은 모두 활짝 웃고 있었다.

'나도 이렇게 웃을 일이 있다면 좋을 텐데.'

태풍이는 오늘 학교에서 생긴 일이 다시 떠올라 우울해졌다. 이렇게 웃을 수 있는 일들만 있으면 참 좋을 텐데. 왜 나에겐 화나는 일들만 벌어질까 하는 생각이 들었다.

"태풍아, 이번 주말에 시간 있니?"

이모는 사진을 들여다보고 있는 태풍이의 머리를 쓰다듬으며 물었다.

"그건 왜?"

엄마가 불쑥 끼어들며 물었다.

"응. 오랜만에 왔는데 태풍이랑 데이트 좀 하려고."

"데이트는 무슨. 얘가 요즘에 얼마나 성적이 바닥을 기는 줄 알아? 집에서 공부해야 해."

"에이. 시험 끝난 지 얼마 안 됐다며?"

"그거야 그렇지만……."

이모는 씩 웃더니 엄마를 보며 말했다.

"그럼 하루쯤은 놀아도 괜찮지 않겠어? 하다못해 기계도 너무 오래 돌리면 고장 나는 법인데. 기분 전환도 하고 쉬어가며 공부해야 탈이 안 나지."

이모는 손가락으로 자신의 콧구멍을 가리키며 말을 이었다.

"나도 요 콧구멍에 바람 좀 넣고 싶고."

"알았다, 알았어. 그럼 둘이서 콧구멍에 바람 팍팍 넣고 와라!"

엄마의 익살스러운 허락에 이모는 까르륵 웃더니 태풍이를 보며 말했다.

"좋아! 그럼 이모랑 신 나게 놀다 오자! 태풍아!"

며칠 뒤, 태풍이는 이모와 함께 길을 나섰다. 두 사람은 오늘 놀이공원에 가기로 했다.

"야호! 신 난다, 신 나!"

놀이공원에 도착한 이모는 어린아이처럼 두 팔을 벌리고 좋아했다.

"태풍아. 우리 함께 놀러 온 기념으로 사진을 찍을까?"

"사진?"

"그래. 그래도 명색이 이모가 사진작가인데 이런 날을 그냥 지나칠 수는 없지. 내가 멋지게 찍어 줄게!"

이모는 태풍이에게 환하게 웃어 보라고 하며 찰칵찰칵 사진을 찍었다. 그다음에는 태풍이와 다정히 얼굴을 맞대고 몇 장 찍었다.

"오! 잘 나왔는데? 그럼 놀이공원에 왔으니 본격적으로 소리를 지르러 가 볼까?"

"응? 소리를 지르러 가자고?"

"어, 놀이기구를 타러 가자는 뜻이야. 놀이기구를 타면 막 소리를 지르잖니?"

이모는 태풍이의 손을 잡고 앞뒤로 흔들며 걸었다. 이모는 기분이 좋은지 콧노래까지 흥얼거렸다. 태풍이 역시 덩달아 기분이 좋아지는 것 같았다. 하지만 하늘로 치솟던 태풍이의 기분은 금세 아래로 곤두박질쳤다.

"어휴. 이게 뭐야!"

태풍이가 가장 먼저 타려고 벼르던 롤러코스터에는 사람들이 끝도 없이 줄을 서 있었다. 얼른 타고 싶은 마음이 굴뚝같았지만 태풍이네도 줄을 서지 않고는 탈 방법이 없었다. 두 사람은 줄을 서서 한참을 기다리다 겨우겨우 놀이기구를 탔다. 그런데 태풍이와 이모가 타려는 놀이기구마다 유난히 줄이 길었다.

'왜 내가 타려는 것마다 사람들이 몰리는 거야!'

계속 줄을 서서 기다려야 할 걸 생각하니 태풍이는 짜증이 치밀었다.

'아! 신경질 나. 하여간 난 뭐 하나 되는 일이 없다니까!'

태풍이는 발로 바닥을 툭툭 찼다. 오랫동안 줄을 서 있으려니 지루하기 짝이 없었다. 게다가 다리까지 아파왔다. 태풍이는 이모를 보며 말했다.

"아, 짜증 나! 이모! 왜 우리가 타려는 것마다 사람들이 미어터져?"

이모는 주위를 둘러보며 말했다.

"그러게. 생각보다 줄이 금방 줄어들지 않네. 근데 말이야. 이모는 이런 생각이 드는데?"

"어떤 생각?"

이모는 길게 줄을 선 사람들을 가리키며 말했다.

"이렇게 사람이 많은 걸 보니 우리가 타려는 놀이기구가 정말 재미있나 보다 하는 생각!"

"응?"

태풍이는 눈썹을 꿈틀했다. 이모는 어깨를 으쓱하며 말했다.

"한번 생각해 봐. 재미가 있으니 다른 사람들도 이 놀이기구를 타려고 몰려들지 않았겠어? 시시한 놀이기구라면 힘들게 줄을 서서 기다리지도 않겠지."

이모는 씩 웃더니 태풍이의 어깨를 감싸며 말을 이었다.

"그러니 우리도 차례가 되면 신 나게 즐겨 보자! 으하하. 이거 말하고 보니 더 기대가 되는데?"

'하긴. 이 놀이기구가 재미있으니까 다른 사람들도 이걸 타려고 이렇게 기다리는 거겠지?'

태풍이는 이모의 말이 일리 있다는 생각이 들었다. 그러자 짜증이 서서히 사라지면서 그 자리에 기대가 들어찼다. 게다가 기다린 다음에 탄 놀이기구는 이모의 말처럼 정말 재미있었다.

"벌써 시간이 이렇게 됐어? 태풍아, 우리 그만 갈까?"

태풍이를 데리고 이곳저곳 다니던 이모는 시계를 들여다보며 말했다. 그런데 집으로 향하는 버스 정류장에 도착할 무렵, 뜻하지 않은 사고가 터졌다.

"앗, 차가워!"

두 사람은 음료수를 들고 달려오던 한 아이와 '쾅' 하고 부딪치는 바람에 이모와 태풍이의 옷에 음료수가 쏟아졌다.

"뭐야! 앞을 제대로 보고 다녀야지!"

태풍이는 엉망진창이 된 옷을 내려다보며 버럭 소리를 질렀다. 이모는 손수건을 꺼내 태풍이의 옷을 닦아 주며 괜찮냐고 물었다. 실수를 한 아이에게도 부드러운 목소리로 물었다.

"어디 다친 데는 없니?"

"네."

"다행이다. 위험하니까 뛰지 말고 앞을 잘 보며 다니렴. 알았지?"

아이는 멋쩍은 표정으로 인사를 하더니 저쪽으로 사라졌다.

'어우, 이게 뭐야!'

옷을 내려다본 태풍이는 콧김을 쌩쌩 내뿜었다. 티셔츠에는 커다란 얼룩이 선명했다.

'이 옷이 어떤 옷인데! 엄마를 졸라 겨우 산 새 옷인데! 이렇게 되다니!'

태풍이는 얼룩진 옷을 내려다보며 씩씩댔다. 버스에 올라 몇 정거장이나 지날 때까지도 계속 티셔츠에서 눈을 떼지 못했다.

'아, 내 티셔츠! 이거 산 다음에 몇 번 입지도 못했는데!'

'그 자식한테 욕이라도 시원하게 퍼부을 걸!'

'가만. 걔 혹시 일부러 그런 거 아니야? 내 기분을 잡치게 하려고?'

한참을 씩씩거리던 태풍이는 고개를 돌렸다.

"어!"

이모의 옷에는 태풍이보다 몇 배는 더 큰 얼룩이 묻어 있었다. 태풍이는 화가 나 자기 옷만 들여다보고 있었는데, 이제 보니 이모의 옷은 얼룩이 더 심했다.

"이모 옷도 완전 엉망이잖아? 아! 그 자식, 진짜!"

태풍이는 주먹을 불끈 쥐며 인상을 찌푸렸다. 이모는 태풍이의 등을 두드리며 말했다.

"이모는 괜찮아. 태풍아."

"괜찮다고? 이게 어떻게 괜찮아! 옷이 엉망이 됐는데 화도 안 나?"

이모는 미소를 지으며 말했다.

"네 말처럼 이모도 처음에는 화가 났지. 옷에 음료수가 묻었

으니 찝찝하기도 하고. 다른 사람들의 시선도 신경 쓰이고."

"그런데?"

"옷이 엉망이 됐다고 계속 화내 봤자 얼룩이 없어지는 건 아니잖아? 또 그 일을 계속 생각하면 내 기분만 상하고. 무엇보다 그 애가 일부러 그런 게 아니니까. 그래서 이모는 그냥 툭툭 털어 버리기로 했어."

"툭툭 털어 버린다고?"

"응. 어차피 되돌릴 수 없는 문제니까 더 이상 신경 쓰지 않는 거지. 그렇게 하면 마음이 편안해지거든. 기분이 더 상할 일도 없고."

태풍이는 이모의 말을 곱씹어 봤다.

'화를 내도 옷이 도로 깨끗해질 순 없어. 계속 그 일을 생각하면 화가 나고 속이 상하겠지?'

아까 놀이기구 얘기를 할 때처럼 이번에도 이모의 말은 틀림이 없었다. 태풍이는 갑자기 옆에 앉아 있는 이모가 신기하다는 생각이 들었다. 분명 똑같은 일을 겪었는데도 자신은 화를 내는 반면, 이모는 아무렇지도 않게 넘어가니까 말이다. 태풍이는 이모가 꼭 도사님 같다고 느껴졌다. 어지간한 일에는 눈 하나 깜짝 안 하는 신통방통한 도사님!

"투득. 투득. 투득투득. 툭툭툭."

차창 밖에서 갑작스러운 소리가 들렸다. 빗방울이 버스 창문에 후두두둑 떨어지고 있었다.

"와, 우리 오늘 기가 막히게 운이 좋다. 힘들게 놀이공원에 도착했는데 그때부터 이렇게 비가 쏟아졌다면 어쩔 뻔했어. 근데 재미나게 다 놀고 돌아가는 길에 비가 오다니! 으하하. 운이 정말 좋은데?"

이모는 우산도 없으면서 비 오는 창밖을 바라보며 싱글벙글 웃었다.

"자, 내리자!"

얼마 뒤, 집 앞 정류장에 다다른 두 사람은 버스에서 내렸다. 다행히 빗줄기는 많이 가늘어져 있었다. 우산을 살 만한 가게는 조금 거리가 있어서 그냥 집까지 걸어가는 게 더 빠를 것 같았다. 두 사람은 집까지 걸어가기로 했다.

"그러고 보니 이렇게 비를 맞아 본 것도 정말 오랜만이다."

이모는 활짝 웃으며 하늘을 올려다보고 소리쳤다.

"오늘 나들이의 마지막은 물놀이로 장식하는군! 으하하! 시원한 게 기분이 끝내준다!"

이모는 신이 난 표정으로 두 팔을 벌리더니 춤을 추듯 빗속을 걸어갔다.

"같이 가! 이모!"

태풍이는 이모를 쫓아가며 소리쳤다. 비가 오는 걸 걱정했는데 막상 쏟아지는 빗줄기를 맞아 보니 시원했다.

'어라! 이거 생각보다 괜찮은데!'

태풍이는 이모와 함께 흥겹게 걸어갔다.

서먹한 친구들과
한 모둠이 되다니!

　태풍이는 학교를 가기 위해 집을 나섰다. 며칠 동안 퍼붓던 장맛비가 그친 뒤, 오랜만에 날씨가 맑게 갰지만 기분은 상쾌하지 않았다. 지난번 이어달리기와 급식 사건으로 한바탕 난리가 난 이후, 태풍이를 보는 반 아이들의 눈빛이 달라졌기 때문이었다. 특히 석현이와 수진이, 민선이는 태풍이를 대놓고 피했다. 더는 부딪칠 일을 만들지 않기 위해서이기도 했지만, 앞선 사건들로 엄청난 앙금이 쌓인 게 분명했다. 그래서일까? 태풍이는 요즘 학교로 가는 발걸음이 무겁기만 했다.

"탁!"

교실에 도착한 태풍이는 가방을 내려놓으며 주위를 둘러봤다. 석현이는 태풍이와 눈이 마주치자 고개를 홱 돌리고는 창근이에게 말을 붙였다. 수진이와 민선이는 눈이 마주치자 책상 위에 엎드리거나 책을 읽는 척 딴청을 부렸다.

'쳇! 아주 사람을 벌레 보듯 하네!'

태풍이는 인상을 쓰며 의자를 빼고 앉았다. 마음 한구석이 불편한 게 기분이 씁쓸했다. 그때 교실 문이 드르륵 열리고 선생님이 들어오셨다.

"얘들아, 우리 학교랑 자매결연을 맺은 경로당이 있는 것 알지?"

교실에 들어온 선생님이 아이들에게 얘기했다.

"네."

"이번에 우리 반이 학년 대표로 봉사 활동을 가기로 했단다."

"봉사 활동이요?"

"응. 안마도 해 드리고 말벗도 되어 드리고. 또 위문 공연도 하고."

선생님의 말씀에 아이들은 눈이 동그래졌다.

"위문 공연도요?"

"그래. 그러니 열심히 준비하자꾸나. 이번엔 공연 준비를 위해 새 모둠도 짜고."

아이들은 새로운 모둠을 짠다는 선생님의 말씀에 수군거렸다.

"그동안 모둠 친구들끼리는 많이 가까워졌을 테니, 이번에는 또 다른 친구들과 친해질 수 있는 기회를 만들자."

선생님의 말씀에 석현이가 손을 들고 물었다.

"새로운 모둠은 어떻게 짜나요?"

"음. 이번에는 제비뽑기로 결정할 거야. 모둠 장도 제비뽑기로 결정하고."

선생님은 네모나게 접힌 종이가 수북이 담긴 작은 상자를 꺼내 들었다. 아이들은 사뭇 긴장된 손길로 종이를 하나씩 집어 들었다.

"어, 난 1조다."

"난 3조네. 야, 3조가 된 사람은 없냐?"

교실 안은 아이들의 목소리로 시끌벅적했다. 태풍이도 종이를 펼쳐 봤다.

'엇! 이게 뭐야!'

태풍이는 깜짝 놀랐다. 종이에는 '5조'라고 적혀 있었다. 문제는 그 옆에 크게 쓰여 있는 글씨였다.

'내가 모둠 장이라니! 이런 거 별로인데.'

태풍이는 얼굴을 찡그렸다. 놀랄 일은 거기서 그치지 않았다.

"야, 5조 누구냐? 5조 뽑은 사람은 손들어 봐!"

민선이가 '5조'라고 적힌 종이를 펼쳐 들고 아이들을 둘러보며 소리쳤다. 수진이가 수줍은 표정으로 손을 들었다.

"우리 둘이 같은 모둠이네? 잘됐다."

민선이의 말에 수진이는 방긋 웃었다.

"에이. 난 남자애들만 있는 모둠이었으면 했는데."

석현이는 민선이와 수진이에게 손짓했다.

"야! 나도 너희랑 같은 모둠이야!"

태풍이는 머리가 터져 버릴 것 같았다. 석현이와 민선이, 수진이와 같은 모둠이라니! 마른하늘에 날벼락이 따로 없었다.

"어, 그럼 나머지 한 명이 누구지? 5조인 사람 누구냐?"

석현이는 아예 자리에서 일어나 아이들이 뽑은 종이를 들여다보고 다녔다. 태풍이는 두 손을 주머니에 꽂고 인상만 쓴 채 가만히 있었다.

"5조, 5조! 5조를 찾아라~~."

아이들 사이를 돌아다니던 석현이가 태풍이가 책상 위에 놓은 종이를 흘깃 쳐다보았다. 석현이의 표정이 대번에 굳어졌다.

"뭐야. 누군데?"

민선이는 석현이에게 궁금한 표정으로 물었다. 그러다 태풍이의 책상 위에 놓인 종이를 보더니 입을 딱 벌렸다. 수진이도 석현이와 민선이의 반응에 눈치를 챘는지 한숨을 푹 내쉬었다.

"야, 석현이랑 민선이랑 수진이가 태풍이랑 같은 모둠이래!"

"대박! 원수는 외나무다리에서 만난다더니! 어떻게 이런 우연이 다 있냐?"

"정태풍이 모둠 장이라니 최악이다. 최악!"

반 아이들은 태풍이를 흘끔흘끔 쳐다보며 속닥거렸다. 태풍이가 주위를 둘러보며 눈을 부라리고 나서야 잠잠해졌다.

"다들 같은 모둠이 된 친구들을 확인했지?"

"네."

"모둠마다 어떤 공연을 할지 의논해서 결정해 오렴. 선생님한테는 모둠 장이 와서 알려 주고."

"네."

아이들은 씩씩하게 대답했다. 딱 네 사람만 빼놓고.

"우리, 선생님한테 모둠을 바꿔 달라고 할까?"

쉬는 시간이 되자 수진이와 민선이, 석현이는 복도에 모여 얘기했다.

"선생님한테 말해도 소용없을걸."

민선이의 제안에 석현이는 팔짱을 끼며 대답했다.

"그럼 어떡해."

수진이는 울상이 되었다.

"그러게. 왜 그 자식이랑 같은 모둠으로 엮여 가지고! 하여간 이놈의 손이 원수야, 원수! 하고많은 종이 중에 왜 그걸 뽑았냐!"

석현이는 자신의 왼손으로 오른손을 움켜쥐며 소리쳤다. 그러자 민선이가 석현이의 팔을 툭툭 쳤다.

"야, 정 안 되면 모둠 장이라도 바꿔 달라고 얘기해 보는 게 어때?"

"모둠 장을?"

"그래. 그 쌈닭이 모둠 장까지 맡으면 어떻겠냐? 불쑥불쑥 성질을 내면서 우리를 얼마나 쪼아 대겠어."

민선이의 말에 석현이는 고개를 가로저었다.

"아까 선생님이 그러셨잖아. 서로 친하게 지내라는 의미로 모둠을 새로 짜겠다고. 그런데 바꿔 주시겠냐?"

민선이와 수진이는 한숨을 푹 내쉬었다. 화장실에 다녀오다 우연히 그 모습을 본 태풍이는 욱하고 화가 치밀었다.

'지금 나랑 모둠을 하기 싫어서 바꿔 달라고 얘기하려는 거야?'

태풍이는 주먹을 불끈 쥐었다. 당장 아이들에게 쫓아가 한바탕 따지고 싶었다.

"야, 선생님 오신다!"

하지만 쉬는 시간이 끝났고, 아이들은 저만치서 걸어오는 선생님을 보더니 교실로 들어갔다.

"치. 선생님 덕분에 운 좋은 줄 알아. 이것들아! 그리고 누구는 너희랑 같은 모둠을 하고 싶은 줄 알아?"

태풍이는 주먹으로 벽을 쿵 치고는 교실로 들어갔다.

태풍이의 결심

 그날 밤, 태풍이는 침대에 누워 눈을 감았다 뜨는 걸 반복했다. 아무리 잠을 청해도 졸리기는커녕 낮에 있었던 일만 떠올랐다. 이불을 둘둘 말고 이리 돌아눕고 저리 돌아누워 봐도 소용없었다.
 이제 같은 모둠이 된 이상 아이들과 얘기하지 않을 수는 없었다. 더욱이 자신은 모둠 장이다. 앞으로 공연을 마칠 때까지 말이다. 아니, 어쩌면 학년이 끝날 때까지 아이들과 계속 마주쳐야 할지 모른다. 침대 속에서 한참을 끙끙거리던 태풍이는 방문을

열고 밖으로 나갔다.

'물이나 한 잔 마셔야겠다.'

태풍이는 불도 켜지 않은 채 부엌으로 들어가 물을 벌컥벌컥 따라 마셨다. 그런데 그때 뒤에서 이상한 기척이 느껴졌다.

"누, 누구세요?"

태풍이가 뒤를 돌자 머리를 푸르고 하얀 옷을 입은 여자가 손을 허우적거리고 있었다.

"으아악!"

태풍이는 놀라서 고함을 쳤다. 동시에 불이 딸깍 켜졌다. 불을 켠 사람은 방글이 이모였다. 이모가 스위치를 찾느라 손을 허우적댄 것이다.

"깜짝 놀랐잖아! 이모!"

"오호호. 나도 깜짝 놀랐어. 아무도 없는 줄 알았거든."

이모는 의자를 빼고 앉더니 물을 따랐다.

"근데 이 시간에 웬일이야? 잠이 안 와서 나왔어?"

"어?"

태풍이가 당황한 눈길로 쳐다보자 이모는 미소를 지으며 말했다.

"혹시 무슨 고민 있니?"

태풍이는 이모가 자기 마음을 훤히 들여다보고 있는 것 같아 움찔했다.

"이모는 고민이 있으면 잠이 잘 안 오거든. 그래서 물어봤어."

태풍이는 이모의 얼굴을 흘끔 봤다. 왠지 방글이 이모라면 자신의 이야기를 잘 들어 줄지도 모른다는 생각이 들었다.

"저기……."

한참을 망설이던 태풍이는 이모에게 그동안 있었던 일을 어렵게 털어놓았다. 모든 이야기를 들은 이모는 고개를 끄덕이며 말했다.

"그런 일이 있었구나. 우리 태풍이, 그동안 꽤 힘들었겠네."

이모는 물을 한 모금 들이키더니 태풍이를 보며 물었다.

"그런데 너와 다툰 애들이랑 같은 모둠이 됐단 말이지?"

"어. 내가 모둠 장도 맡게 됐고."

"그럼 앞으로 그 애들이랑 어떻게 지내고 싶은데? 솔직한 네 마음은 어때?"

태풍이는 가만히 생각해 봤다. 비록 아이들에게 화를 냈지만, 계속 이런 상태로 지내고 싶은 건 결코 아니다. 이 세상에 다른 사람과 싸우고 틀어져 지내고 싶은 사람이 누가 있겠는가! 태풍이 역시 다른 아이들처럼 그 친구들과 웃으며 지내고 싶었다. 하지만 석현이와 수진이, 민선이는 그런 맘도 모르고 자꾸만 태풍이를 피했다. 그럴 때마다 태풍이는 더 화를 내게 되었다. 그런 일들이 반복되면서 태풍이와 아이들의 사이는 점점 멀어진 것이다.

"나야 잘 지내고 싶지. 모둠 장도 잘해서 인정받고 싶고. 하지만 애들이 날 싫어하잖아. 당장 오늘도 선생님한테 모둠을 바꿔 달라고 말하려던 걸 보면."

태풍이는 맥이 빠진 목소리로 말했다.

"음…… 그래? 그럼 애들이 널 왜 싫어하는 것 같은데?"

태풍이는 지난 일들을 떠올려 봤다. 이어달리기 때에는 결과가 태풍이의 성에 차지 않아서 화를 냈었다. 급식 사건 때에는 아이들이 자기를 골탕 먹인다고 오해해서 욱했다. 어쨌든 그동안 벌어진 일들과 반 아이들의 말을 들어 봤을 때, 아이들이 태풍이를 싫어하는 이유는 하나다. 태풍이가 걸핏 하면 '화'를 낸다는 거다. 그것도 심하게!

"그건…… 내가 평소에 욱하고 화를 많이 내서 그런 것 같아."

태풍이가 풀이 죽어서 말하자 이모는 고개를 끄덕였다.

"그럼, 이모랑 둘이서 좋은 방법을 찾아볼까?"

"좋은 방법?"

"음. 친구들과 잘 지내고 싶다면 좋은 방법을 찾아봐야지?"

태풍이는 곰곰이 생각했다. 태풍이는 아이들과 사이좋게 지내고 싶은데, 아이들은 태풍이가 불쑥불쑥 화를 내서 싫다고 했다. 함부로 화를 내지 않으면 아이들은 태풍이를 싫어하지 않을까?

"아무 일에나 불쑥불쑥 화내지 말아 보면 어떨까? 내가 쉽게 욱하지 말고 화를 참아 보면."

태풍이는 이모에게 조심스럽게 자신의 생각을 말했다. 이모는 태풍이를 뚫어지게 쳐다보더니 심각한 표정으로 말했다.

"태풍아, 너 혹시……."

"혹시 뭐?"

이모는 갑자기 입꼬리를 씩 올리더니 웃으며 말했다.

"천재 아니니? 어쩜 그렇게 좋은 생각을 단박에 떠올릴 수 있어? 으하하하. 대단한대?"

이모는 엄지손가락까지 치켜세웠다.

"좋아! 그럼 불쑥불쑥 화를 내지 않기 위해 어떻게 해 볼 생각인데?"

태풍이는 눈을 이리저리 굴렸다. 이모의 칭찬에 한결 기운이 났다.

'난 일단 화가 치밀면 눈앞에 보이는 게 없어. 학원을 하루 쉬는 그날도, 엄마 친구가 있는 것도 모르고 음식 재료를 집어던졌잖아. 어떨 때는 욕설을 퍼붓고 주먹을 날린 적도 있었고…….'

지난 일들을 떠올리자, 태풍이는 자신이 좀 심했다는 후회가 밀려왔다.

"화가 나면 일단 욱하지 말고 마음을 진정시켜 볼까?"

"좋았어! 방법을 하나 알려 줄게. 화가 났을 때는 하던 일을 멈추고, 천천히 숫자를 세 보는 거야."

"그다음에는?"

"그러고는 화를 내고 나서 벌어질 일들을 머릿속으로 그려 보는 거지."

"음. 그거 괜찮은데! 하긴…… 심하게 화를 낸 다음에 내가 왜 그랬을까 하고 후회한 적도 많았으니까."

태풍이는 이모를 바라보며 물었다.

"근데 내가 그렇게 할 수 있을까?"

"당연하지! 난 태풍이 네가 잘 해낼 거라 믿어! 그러니 아무 걱정하지 말고 행동으로 옮겨 봐! 알았지?"

이모의 격려에 태풍이는 기운이 샘솟는 걸 느꼈다.

"그만 들어가서 잘까?"

"응."

태풍이가 앞장서서 일어나자 이모는 부엌 불을 딸깍 껐다.

"태풍아, 태풍아~~."

이모는 두 손을 앞으로 내밀며 으스스한 목소리로 말했다.

"에이, 뭐야. 이모! 아까는 놀랐지만 이제는 안 놀라거든! 하나도 안 무서워!"

"안 무섭다고? 흠흠."

이모는 목소리를 가다듬더니 다시 이야기했다.

"얘야, 내가 아직도 네 이모로 보이니?"

태풍이는 이모의 장난에 깔깔거리며 방으로 들어갔다. 그리고 침대에 누워 천장을 바라보며 생각했다.

'이모랑 얘기한 대로 하면 정말 아이들과 사이가 좋아질 수 있을까?'

아슬아슬, 첫 번째 회의가 시작되다

"너희 모둠은 어떤 공연을 하기로 했냐?"

"우리는 마술 쇼를 하기로 했어."

"마술 쇼?"

"응. 기준이가 마술을 할 줄 안다고 해서 우리한테도 가르쳐 준다고 했거든. 근데 너희는?"

"아직 못 정했어. 오늘 만나서 얘기해 보려고."

반 아이들의 얘기를 듣자 태풍이는 고민이 커졌다. 선생님께 어떤 공연을 할지 알려야 하는데, 태풍이네 모둠은 아직 무엇을 할지 정하지 못한 것이다. 공연 내용을 정하려면 아이들과 모여서 의논해야 하는데, 아이들에게 만나자고 말을 걸기가 쉽지 않았다.

"이번에는 자신의 상상을 자유롭게 그림으로 표현해 보는 시간을 갖자."

미술 시간이 되자, 선생님이 아이들에게 말했다.

"먼 미래 도시를 그려도 좋고, 바닷속을 탐험하는 그림도 좋아. 무엇이든 괜찮으니 멋지게 그려 보렴."

"네."

아이들은 스케치북을 펼쳐 놓고 생각에 빠졌다. 태풍이도 무슨 그림을 그릴까 고민했다.

'옳지. 그게 좋겠다!'

태풍이는 생각 끝에 하늘을 나는 자동차를 그리기로 했다. 다른 아이들도 생각이 하나둘 떠올랐는지 그림을 그리기 시작했다.

"야, 이게 뭐냐?"

"외계인을 만나는 그림이야. 정말 잘 그렸지?"

"여기 있는 게 외계인이야?"

"야! 그건 날 그린 거걸랑? 내가 아무리 그림을 못 그려도 그렇지. 외계인이라니!"

"푸하하. 그냥 농담이야!"

아이들은 서로의 그림을 흘끔거리며 재미난 분위기 속에서 그림을 그렸다. 그러다 시간이 지날수록 점점 그림에 집중했다.

'자동차 색깔만 칠하면 완성이다!'

태풍이는 붓에 물감을 찍어 색을 칠하기 시작했다. 그런데 대형 사고가 터졌다. 그림을 완성한 석현이가 선생님께 그림을 내러 가려다 태풍이의 책상에 놓인 물통을 툭 건드렸다.

"어머!"

"야, 너 물통을 쏟았어!"

석현이는 아이들의 소리에 놀라 뒤를 돌아봤다. 물통이 태풍이의 스케치북 위에 엎질러졌고, 태풍이가 그린 그림은 엉망이 되었다. 태풍이가 깜짝 놀라 자리에서 일어났다.

"어, 어떡하지?"

석현이는 얼굴이 하얗게 질렸다. 반 아이들의 시선은 태풍이에게 쏠렸다. 태풍이의 콧구멍에서 콧김이 세게 뿜어져 나오는 게 예사롭지 않았다.

'어우, 이 자식을 그냥 확!'

화가 난 태풍이는 주먹을 불끈 쥐었다. 석현이에게 고함을 치려던 찰나, 문득 어제 이모와 함께 화를 내지 않고 참아 보기로 한 다짐이 생각났다. 태풍이는 잠시 숨을 고르고 이모가 가르쳐 준 대로 먼저 속으로 숫자를 세었다.

'하나, 둘, 셋……'

그렇게 잠깐의 시간을 갖자 미칠 듯이 치밀던 화가 조금씩 가라앉았다. 태풍이는 속으로 생각해 보았다.

'석현이가 일부러 그림을 망치려고 물을 엎지른 건 아닐 거야. 어쩌다 실수로 그런 거지. 예전 급식 시간에도 날 골탕 먹이는 거라고 생각했지만 알고 보니 내가 오해한 거였잖아? 그런데 이런 상황에서 발끈해서 화를 낸다면 더 서먹서먹해지겠지? 화를 낸다고 그림이 다시 말짱해지는 것도 아니고.'

태풍이는 스르륵 주먹을 풀더니 석현이에게 말했다.

"괜찮아. 실수로 그런 건데 뭐."

그러고는 엎어진 물통을 일으켜 세웠다. 어쩔 줄 몰라 하며 서 있던 석현이는 얼른 걸레를 가져다 물을 닦았다. 선생님은 엄청나게 놀란 표정이었고, 반 아이들은 웅성거렸다.

"쟤, 정태풍 맞나?"

"그러게. 콧구멍을 벌렁거리면서 씩씩대기에 바로 주먹을 날릴 줄 알았는데."

"내일은 해가 서쪽에서 뜨겠다."

태풍이는 묵묵히 엉망이 된 주위를 정리하고 자리에 앉았다. 길길이 날뛰며 화를 냈을 때와는 달리 금세 마음이 편안해졌다.

"미술 시간에 그런 일이 있었단 말이야?"

"어."

그날 저녁, 태풍이는 이모와 마주 앉아 하루의 일을 이야기했다. 이모가 씩 웃자 태풍이는 이야기를 마저 했다.

"그리고 우리 모둠 애들한테 내일 만나자고 말했어. 위문 공연으로 뭘 할지 정하자고."

그러자 이모는 잘했다며 박수를 쳤다. 그런데 태풍이는 아직 걱정이 가시지 않은 표정이었다.

"내일 애들을 만나서도 잘 해낼 수 있을까? 불쑥불쑥 화내지 않고?"

"그럼. 당장 오늘도 멋지게 해냈잖아?"

"그렇지만 내가 모둠 장이라 그런지 부담스러워. 저번에 아이들과 다툰 것도 신경 쓰이고."

이모는 태풍이의 입에 사과를 쏙 넣어 주며 말했다.

"태풍아. 넌 분명히 잘 해낼 수 있을 거야. 오늘처럼 화가 날 때 네 감정을 잘 조절한다면."

"정말 그럴까?"

태풍이는 곰곰이 생각해 봤다. 그동안 화가 나면 앞뒤 가리지 않고 무조건 화를 냈다. 하지만 오늘은 욱하는 마음을 잘 조절했고, 결과도 만족스러웠다. 석현이와 사이가 틀어지지도 않았고, 자신의 마음도 편안했으니까.

'그래. 화가 불끈불끈 날 때마다 내 감정을 잘 조절해 봐야겠어. 아직 많이 힘들지만.'

태풍이는 사과를 우적우적 씹어 먹으며 속으로 다짐했다.

다음 날, 태풍이는 학교 앞 놀이터에서 아이들을 기다렸다. 혹시라도 약속 시간에 늦을까 봐 집에서 십 분이나 먼저 일찍 나섰다.

'아직 아무도 안 왔네?'

태풍이는 놀이터 안을 어슬렁어슬렁 돌아다니며 아이들이 오기를 기다렸다.

'저기 온다!'

곧 석현이와 민선이가 모습을 드러냈다. 태풍이와 석현이, 민선이는 아무 말 없이 목을 빼고는 수진이가 오기를 기다렸다. 어색한 공기가 세 사람 주위를 감돌았다.

'왜 안 오지?'

약속 시간이 꽤 지났는데도 수진이는 코빼기도 내밀지 않았다. 태풍이는 슬슬 짜증이 났다.

'대체 시간이 얼마나 지난 거야?'

한참을 기다리던 태풍이는 시간을 확인했다. 눈에서 저절로 불꽃이 일었다. 약속 시간이 이십 분이나 지나 있었다.

'누구는 시간이 남아돌아서 이러고 있는 줄 알아? 오수진, 어디 오기만 해 봐라!'

불끈 화가 치밀어 오른 태풍이는 숨을 쌕쌕거렸다.

"무슨 일이 있나? 전화라도 해 볼까?"

민선이는 걱정스런 표정으로 휴대전화를 꺼내 들고는 수진이에게 전화를 걸었다.

"어!"

민선이는 갑자기 전화를 뚝 끊더니 의자에서 일어섰다.

"저기 온다. 수진아! 여기야, 여기!"

민선이의 외침에 태풍이는 고개를 홱 돌렸다. 수진이가 저 멀리서 뛰어오고 있었다.

"오래 기다렸지? 미안해. 얘들아."

수진이는 숨을 헐떡이며 말했다.

"엄마가 갑자기 급한 심부름을 시키는 바람에……. 늦지 않으려고 했는데. 정말 미안."

태풍이는 수진이의 말에 울화통이 치밀었다.

'심부름을 하느라 늦어? 엄마한테 약속이 있어서 심부름을 못 한다고 말하든가. 약속 시간에는 늦지 않게 심부름을 마쳤어야지! 달랑 미안하다고 말하면 다야?'

태풍이는 수진이를 노려봤다. 수진이는 뛰어오느라 힘들었는지 땀을 한 바가지 흘리며 헉헉대고 있었다.

그러자 욱하는 마음에 소리치려던 태풍이는 문득 엄마 친구가 놀러 온 날이 떠올랐다. 그때 자기도 어쩔 수 없이 갑작스럽게 심부름을 갔다. 그러다가 가게에 호박이 없는 바람에 심부름을 마치는 데에도 시간이 제법 걸렸다. 어쩌면 수진이도 오늘 그랬던 게 아닐까?

'하긴. 나도 약속 시간에 늦은 적이 있었으니까.'

화가 누그러진 태풍이는 자리에서 일어났다. 수진이는 움찔 놀라 태풍이를 쳐다봤다. 석현이와 민선이는 태풍이의 얼굴을 흘끔거렸다. 태풍이는 목소리를 가다듬고는 아이들을 둘러보며 말했다.

"어……. 이제 다 모였으니 우리 모둠은 뭘 할지 정해 볼까?"

평소 같으면 수진이에게 늦었다고 한바탕 화를 냈을 태풍이가 잠잠히 넘어가자 아이들은 꽤나 놀란 눈치였다. 민선이는 입 모양으로 '쟤, 웬일이야?'라고 말했다. 그러자 석현이는 어깨를 으쓱해 보이며 영문을 모르겠다는 표정을 지었다. 수진이는 태풍이의 말에 가슴을 쓸어내리더니 안도의 한숨을 내쉬었다. 그렇게 네 명의 아이들은 놀이터 의자에 둥그렇게 모여 앉았다.

"내 생각에는 악기 연주를 해 보는 게 어떨까 하는데. 너희는 어때?"

민선이가 먼저 입을 열었다.

"난 다룰 줄 아는 악기가 하나도 없는데? 지금부터 연습한다고 해도 공연을 할 만큼 잘할 수 있을지도 모르겠고."

석현이는 고개를 갸우뚱하더니 다시 말을 이었다.

"아무튼 좀 특이한 거면 좋겠는데……. 그래야 관객들의 반응도 좋지."

가만히 있던 수진이가 눈을 빛내며 말했다.

"마술은 어때?"

"마술은 기준이네 모둠에서 한다고 했어."

태풍이는 한마디 툭 내던졌다. 아이들은 다시 말이 없어졌다. 골똘히 생각하던 태풍이는 아이들을 둘러보며 말했다.

"태권도나 차력 쇼는 어떠냐?"

"태권도나 차력 쇼?"

아이들은 한목소리로 물었다.

"격파 시범이나 콧김으로 촛불을 끄는 걸 하면 재미있지 않겠어? 박수도 많이 나오고."

아이들은 고개를 저으며 한마디씩 했다.

"수진이랑 나는 태권도를 할 줄 몰라. 그리고 차력 쇼 같은 걸 어떻게 하냐?"

"그래. 다른 걸 생각해 보자. 난 촛불을 입으로 끈 적은 있어도 콧김으로 끈 적은 한 번도 없단 말이야."

"내 생각에도 그건 아닌 것 같아. 다 같이 할 수 있는 걸로 골라야지."

아이들은 손사래를 치며 말했다. 태풍이는 다시 생각에 잠겼다. 그러다 좋은 생각이 떠올랐는지 흥분한 목소리로 말했다.

"노래하고 춤은 어때? 연습하기에도 좋고. 넷이 다 같이 하기에도 딱 좋아."

"그럼 무슨 노래를 할 건데? 춤은 어떻게 추고?"

석현이의 물음에 태풍이는 기다렸다는 듯 대답했다.

"당연히 빛나 누나의 춤과 노래로 해야지! 요즘에 인기가 엄청나게 많잖아."

아이들은 황당하다는 표정을 지었다.

"할아버지랑 할머니 앞에서 그 노래를 부르자고?"

"너 그거 할 수 있어? 공중에서 두 바퀴 돌고, 막 로봇 춤을 추고 그러는데?"

"에이. 그건 정말 아니다."

아이들은 고개를 절레절레 저었다. 태풍이는 아이들의 반응에 부아가 치밀었다.

'우씨! 내가 말만 하면 사사건건 반대하네? 그것도 셋이 똑같이!'

태풍이는 욱하고 화가 났다. 하지만 이내 마음을 진정시키고 생각해 보니 꼭 화낼 일만은 아니었다.

'하긴. 아까 악기 연주를 하자는 민선이 의견도 애들이 반대했으니까. 나도 미술을 하자는 수진이한테 안 된다고 했고. 뭐, 내 의견에 무조건 찬성하라는 법은 없잖아?'

그러자 불끈 치밀어 오른 화가 슬슬 누그러졌다. 그리고 그때 석현이가 불현듯 아이디어가 생각났는지 입을 열었다.

"그럼 어른들이 좋아하는 노래를 부르면서 율동을 하면 어때? 트로트 노래에 맞춰서 재미난 율동을 하면?"

"그거 괜찮다."

"나도 찬성!"

수진이와 민선이는 잇달아 외쳤다. 아이들의 시선은 태풍이에게 쏠렸다. 태풍이도 고개를 끄덕였다.

"그걸로 결정하자. 나도 괜찮은 것 같네."

그렇게 해서 태풍이네 모둠은 무사히 회의를 마쳤다. 아무런 다툼 없이 평화롭게!

울끈불끈,
화가 나! 참을 수 없어!

태풍이네 공연 준비는 비교적 순조롭게 진행되었다. 다른 모둠처럼 태풍이네 모둠 역시 공연 연습을 시작했다. 오늘은 공연 연습을 위해 태풍이네 집에서 만나기로 약속도 했다.

"애들이 올 시간이 다 됐네?"

태풍이는 시계를 쳐다보며 현관문 앞을 서성였다. 그런데 약속 시간에서 십 분, 이십 분, 삼십 분이 지나도록 아무도 도착하지 않았다.

"왜 안 오지? 어제 내가 분명히 말했는데?"

태풍이는 민선이에게 전화를 걸었다. 그런데 신호음이 한참을 울려도 민선이는 전화를 받지 않았다.

"이상하다?"

이번에는 수진이의 전화번호를 꾹꾹 눌렀다. 신호가 갔지만 수진이 역시 통화가 되지 않았다. 태풍이는 몇 번이나 번갈아 가며 두 아이에게 전화했지만 끝내 연락할 수 없었다.

'무슨 일이 생겼나?'

태풍이는 고개를 갸우뚱하고 수화기를 내려놓았다. 그런데 그 순간 휴대전화로 문자가 한 통 도착했다. 민선이었다.

'나 오늘 급한 일이 생겨서 못 갈 것 같아. 미안.'

곧이어 수진이한테도 문자가 왔다. 수진이 역시 갑자기 일이 생겨 못 온다는 내용이었다. 태풍이는 신경질이 났다. 오늘 못 올 것 같으면 미리 말해 줬으면 좋았을 텐데! 약속 시간에서 한참이 지나고 나서야 달랑 문자 한 통만 보낸 건 너무하다 싶었다. 전화를 걸었을 때는 받지도 않더니, 전화기를 내려놓자마자 문자를 보낸 것도 이해되지 않았다.

'별 수 없지, 뭐. 전화 한 통도 받지 못하는 걸 보면 매우 급한 일인가 보네.'

태풍이는 의자에 털썩 기대앉았다. 문득 석현이의 얼굴이 떠올랐다.

"맞다! 석현이는 왜 안 오지?"

태풍이는 휴대폰을 들여다봤다. 석현이가 보낸 전화도, 문자 메시지도 없었다. 태풍이는 전화기를 집어 들고 석현이에게 전화를 걸었다. 신호음이 몇 번 울리더니 석현이가 전화를 받았다.

"여보세요?"

"석현이냐? 너……."

"지금 통화를 못하니까 나중에 말하자."

석현이는 태풍이가 말을 끝내기도 전에 자기 할 말만 하더니 전화를 뚝 끊어 버렸다. 태풍이는 당황해서 수화기에 대고 소리쳤다.

"여보세요? 야, 김석현! 김석현!"

건너편에서는 아무 소리도 나지 않았다. 태풍이는 다시 전화를 했지만 석현이는 받지 않았다. 태풍이는 한숨을 쉬었다.

"오늘 무슨 날인가? 다들 급한 일이 있다고 그러네?"

태풍이는 아이들이 오면 함께 먹으려고 준비한 과자를 꺼내 와그작와그작 먹었다. 부엌에 있던 엄마가 나와서 태풍이를 보며 물었다.

"오늘 너희 반 애들이 온다고 하지 않았니?"

"다들 일이 생겨서 못 온대."

"세 명 다?"

"어."

"그럼 엄마 심부름 좀 다녀와라."

엄마는 돈을 꺼내 주며 말했다.

"간장이 다 떨어져서 그러니까 한 병만 사와. 저녁 할 때 써야 하니까."

태풍이는 남은 과자를 봉지째 입에 털어 넣고는 길을 나섰다.

"엇!"

가게를 가기 위해 막 골목을 도는 순간, 태풍이는 눈앞에 펼쳐진 장면을 보고 깜짝 놀랐다.

"야, 동섭아! 여기야, 여기!"

아까 전화로 바쁘다던 석현이가 동섭이, 창근이와 함께 놀이터에서 축구를 하고 있는 게 아닌가? 석현이는 뭐가 그리 신이 나는지 끊임없이 깔깔대며 웃고 있었다.

"야호! 골이다! 골!"

석현이는 태풍이가 쳐다보고 있는 것도 모른 채, 축구에 열중했다. 태풍이는 눈을 가늘게 뜨고는 석현이를 노려봤다. 놀이터 한편에 아이들이 벗어 놓은 가방이 눈에 띄었다.

'오호라! 가방을 저기다 둬서 내가 그렇게 전화해도 받지 못한 거였군!'

태풍이는 속에서 불끈 화가 치밀었다. 그런데 이게 웬일인가? 맞은편 골목에 있는 분식집에서 수진이와 민선이가 팔짱을 끼고 나오는 모습이 눈에 들어왔다. 두 사람은 마주 보며 다정하게 얘기하느라 태풍이가 쳐다보는 것도 몰랐다.

"태풍이한테 문자를 좀 늦게 보냈는데. 괜찮을까? 민선아?"

"좀 마음에 걸리긴 한데. 어쨌든 문자를 보냈으면 됐지, 뭐."

"하긴. 공연할 때까지 연습할 시간도 꽤 남았으니까."

"그래. 아무튼 난 오늘 기분이 울적해서 연습하기 싫단 말이야. 걔도 우리 문자를 받고 자기 볼 일을 봤겠지. 힉!"

수진이와 민선이는 화들짝 놀랐다. 주먹을 꼭 쥔 채 자신들을 뚫어져라 쳐다보는 태풍이와 딱 마주쳤기 때문이었다.

'둘 다 급한 일이 있다고 문자 메시지를 보내더니! 떡볶이 가게에서 하하 호호 웃으면서 나와?'

태풍이는 아무리 화를 참으려 애써도 이번만큼은 도저히 참을 수가 없었다. 태풍이는 민선이와 수진이에게 저벅저벅 다가가 눈을 부라리며 따졌다.

"야! 너희는 이게 급한 일이었냐?"

민선이와 수진이는 아무 말도 못하고 가만히 있었다.

"우씨! 약속도 어기고서 달랑 문자 한 통만 보낼 만큼 급한 일이 떡볶이 먹는 거냐고!"

태풍이가 화를 내자 발끝만 내려다보고 있던 민선이는 인상을 찌푸리더니 입을 삐죽이며 말했다.

"미안해. 일부러 그러려던 건 아니었지만."

태풍이는 민선이의 태도에 더욱 화가 치밀어 올랐다. 민선이는 조금도 미안해하는 기색이 아니었다. 태풍이는 민선이에게 골목이 쩌렁쩌렁 울릴 정도로 소리쳤다.

"미안하다면서 말을 그따위로 하냐?"

민선이는 태풍이를 보며 짜증을 버럭 냈다.

"대체 나보고 어쩌라고? 미안하다고 해도 왜 난리인데? 그리고 내가 아까 문자로도 미안하다고 했잖아!"

"뭐?"

"내가 보낸 문자를 안 받았어? 거기에 미안하다고 보냈으면 된 거 아니야?"

"와. 이 왕 재수탱이! 말하는 것 좀 봐!"

"어머머. 뭐라고? 왕 재수탱이? 웬일로 그동안 잠잠하나 했더니. 또 시작이냐?"

"그래! 그러니까 저리 꺼져! 꼴도 보기 싫으니까!"

수진이는 민선이의 팔을 잡아당기며 이러지도 저러지도 못하고 발만 동동 굴렀다. 뒤에서 석현이의 목소리가 들렸다.

"야! 무슨 일로 그래? 너희 셋이서 무슨 일로 모여 있냐?"

태풍이는 뒤를 돌아봤다. 석현이가 축구공을 안고 태풍이를 쳐다보고 있었다. 태풍이는 석현이의 말에 기가 탁 막혔다.

"무슨 일이냐고? 셋이서 무슨 일로 모여 있어? 네가 지금 그런 말을 할 때야?"

"뭐?"

"오늘 만나서 공연 연습을 하기로 한 것도 까먹고. 아무리 전화해도 받지 않더니! 지금 무슨 일이냐고 묻는 거야?"

태풍이는 석현이에게 당장이라도 덤벼들 기세였다. 석현이는 그제야 약속이 떠올랐는지 당황스러운 표정을 지었다.

"맞다! 오늘 연습하기로 했지?"

석현이는 얼굴을 찡그리더니 머리를 긁적이며 말했다.

"아, 내가 깜빡했네! 아무튼 미안하고, 다음에 연습을 한 번 더 하자."

태풍이는 머리 꼭대기까지 화가 치밀어 올랐다. 하지만 석현이는 태풍이의 마음도 모르고 태연하게 말했다.

"오늘은 너무 늦었으니까 어차피 연습하기 힘들 테고. 내일 모여서 연습하는 게 어때? 나는 내일은 시간 괜찮은데."

태풍이는 석현이의 말에 폭발하고야 말았다. 석현이가 적어도 약속을 잊은 것에 대해 진심 어린 사과를 하길 바랐는데 전혀 그렇지 않았으니까. 태풍이는 아이들이 약속을 어기고 그냥 어물쩍 넘어가려는 것 같아 참을 수 없었다.

"야! 나는 너 같은 재수탱이랑 연습할 시간이 없걸랑? 연습하고 싶으면 오늘 하든 내일 하든 너 혼자 알아서 해. 알았냐? 이 나쁜 자식아?"

태풍이는 휙 돌아 씩씩거리며 걸음을 옮겼다. 민선이와 수진이, 석현이도 기분이 상했는지 발길을 홱 돌려 집으로 향했다.

정말 화내도 된다고?

"야, 쌈닭네 모둠 분위기 이상하지 않냐?"

"왜?"

"걔들 학교에서 눈이 마주쳐도 그냥 쌩 하고 지나치던데?"

"에이. 또 싸웠나 보지, 뭐."

"하긴. 여태 잠잠한 게 용하지."

아이들은 교실로 들어서는 태풍이를 보며 수군거렸다. 반 아이들의 얘기처럼 태풍이네 모둠에는 또다시 찬바람이 쌩쌩 불었다. 태풍이는 아이들이 약속을 어기고도 진심 어린 사과를 하지 않은 것에 화가 났다. 아이들은 아이들대로 태풍이가 심한 말을 퍼부은 것이 불만이었다.

"태풍아!"
"어, 이모!"

그날 오후, 학원에서 돌아오던 태풍이는 집 앞에서 이모와 마주쳤다. 정확하게 얘기하자면 이모가 태풍이를 기다린 게 맞았다. 이모는 요 며칠 사이 태풍이의 기분이 좋지 않다는 걸 느꼈다. 이모는 태풍이에게 무슨 일이 생긴 건지 걱정되었다. 그래서 우연을 가장해 태풍이와 자연스럽게 얘기할 기회를 엿보고 있었다.

"으하하! 이렇게 만나는 날도 다 있네? 이런 날은 그냥 집에 들어갈 수 없지. 아이스크림이라도 하나씩 먹고 들어갈까?"

태풍이는 말없이 이모 뒤를 따랐다. 이모는 태풍이와 함께 아이스크림을 하나씩 샀다.

"공연 준비는 잘 되니?"

태풍이는 고개를 가로젓고는 아이스크림을 쭉쭉 빨았다.

"무슨 문제가 있었나 보구나."

태풍이는 이모를 쳐다보며 고개를 끄덕였다.

"내가 화를 참지 못하고 폭발해 버렸어. 참으려고 했는데……. 도무지 그럴 수가 없었거든."

"그래? 단단히 속상한 일이 있었나 보네."

이모는 태풍이의 어깨를 토닥여 주었다. 태풍이는 자신을 이해해 주는 이모의 따뜻한 손길에 위로를 느꼈다. 태풍이는 이모에게 아이들과 다툰 사연을 털어놓았다. 이모는 잠자코 태풍이의 이야기를 들었다.

"그래서 화를 낸 거니?"

"어."

이모는 가게 앞 파라솔 의자에 깊숙이 기대더니 놀라운 말을 했다.

"뭐 화낼 만했네."

"응? 화낼 만했다고?"

"음. 이모 생각에 그건 충분히 화를 낼 만한 일이야. 표현 방법이 좀 아쉽긴 하지만. 나 같아도 화를 냈겠다."

태풍이는 머릿속이 잔뜩 꼬인 느낌이었다. 지금껏 화가 나면 꾹 참거나 무조건 화를 내지 말아야 한다고 생각했는데, 이게 무슨 소리인가 싶었다.

"그럼 화를 내는 게 잘못된 일이 아니라는 거야?"

이모는 태풍이를 가만히 쳐다보더니 손에 있던 아이스크림을 갑자기 휙 낚아챘다.

"만약에 누가 네 아이스크림을 이렇게 뺏었다고 해 봐. 그럼 화가 나, 안 나?"

"당연히 나지!"

태풍이는 이모 손에 들린 아이스크림을 도로 뺏어 쭉쭉 빨며 말했다.

"이건 내 아이스크림이잖아! 내 걸 함부로 뺏어 가는데 어떻게 화가 안 나?"

이모는 고개를 끄덕이며 물었다.

"그치? 그렇다면 이럴 때 화내지 말고 그냥 꾹 참고 있어야 할까?"

"무슨 소리야! 꾹 참긴 왜 참아! 내가 기분 나쁘다는 걸 알려야 상대방이 다시는 그런 행동을 하지 않지!"

이모는 박수를 짝짝 치며 말했다.

"바로 그거야! 그러니 화를 내는 건 절대 나쁜 일이 아니지.

웃기면 웃고, 슬프면 우는 것처럼 분노 역시 자연스러운 감정이니까!"

태풍이는 비로소 이모의 말이 이해가 갔다. 이모는 아이스크림을 한 입 베어 물더니 이야기를 계속했다.

"정말 중요한 건 화가 났을 때 어떻게 표현하는지야. 어떻게 말하느냐에 따라서 결과가 달라지거든."

이모의 말에 태풍이는 눈이 휘둥그레져서 물었다.

"어떻게 말하느냐에 따라 다르다고?"

이모는 태풍이를 보며 말했다.

"너, 이모가 막내인 건 알지?"

"응."

"이모가 너만 한 나이였을 때 심부름을 얼마나 많이 했는지 알아?"

태풍이는 갑작스러운 이모의 옛날 얘기에 어리둥절했다. 하지만 곧 호기심에 귀 기울였다.

"오빠는 공부해야 하니까 안 되고 네 엄마는 나보다 언니라서 안 시키고. 막내인 내가 심부름을 도맡았다니깐. 콩나물 사 와라, 두부 사 와라, 옆집에 가서 이것 좀 전해 줘라. 어휴, 그뿐인

줄 알아?"

태풍이는 어느덧 이모의 이야기에 푹 빠져들었다.

"힘들게 가게에 다녀왔더니 소금이 떨어졌다고 또 심부름을 시킨 적도 있었어."

"그래서 어떻게 했는데?"

"어떻게 하긴. 심부름 가기 싫다고 짜증도 부리고 막 화도 내고, 안 간다고 떼도 쓰고 그랬지."

태풍이는 눈이 동그래졌다. 방글이 이모라면 뭔가 다른 행동을 할 것 같았는데……. 자신과 똑같이 했다는 사실이 놀라웠다.

"그런데 엄마는 내 맘도 모르고 혼만 내더라? 하루는 이런 일이 있었어."

"어떤 일?"

"내가 막 보고 싶어 한 만화가 시작하려고 하는데 엄마가 또 심부름을 시키는 거야. 난 싫다고 했지만 어쩔 수 없이 다녀와야 했어. 그런데 다녀와 보니 만화는 끝나 있었지 뭐야? 와, 그때 기분은 정말!"

이모는 고개를 도리도리 저으며 말했다.

"최악이었지. 최악! 그런데 그날 난 처음으로 엄마에게 내 속

마음을 얘기했어. '짜증 나', '엄마 때문에 기분 나빠' 이런 말이 아닌 진짜 내 감정이 어떤지를."

"어떻게? 얘기했는데?"

"나는 꼭 보고 싶은 만화가 있었는데, 심부름을 하느라 못 봐서 무척 속상했다고. 그랬더니 엄마가 뜻밖에 내 맘을 알아주시더라?"

"정말이야?"

태풍이는 믿을 수 없다는 눈초리로 말했다.

"음. 엄마의 말이 내가 길길이 날뛰고 화낼 때에는 대체 왜 저러나, 또 짜증을 부리는구나 싶었는데, 차분히 속마음을 듣고 나니깐 내 기분이 어땠는지를 알겠더래."

"그럼 그 이후로 심부름을 안 가도 됐어?"

"하하하. 그건 아니지만 꽤 달라졌지. 언니, 오빠랑 돌아가면서 심부름을 하고. 내가 보고 싶은 만화가 있다고 하면 그 방송이 끝나고 다녀오라는 말씀도 흔쾌히 하셨거든."

"그랬구나."

태풍이는 고개를 끄덕였다. 그런데 문득 이모가 왜 이런 얘기를 할까 하는 생각이 들었다. 이모는 빙그레 웃으며 입을 열었다.

"그러니까 너도 화낼 일이 생기면, 무작정 소리치지 말고 네 마음을 차분히 표현해 봐. 내 기분이 지금 어떻고, 왜 화가 났는지를 얘기하는 거지. 그러면 상대방이 네 얘기에 귀 기울이게 되거든. 물론 다툴 일도 없고!"

태풍이는 이모가 왜 자신의 이야기를 들려주었는지 알 것 같았다.

"어, 전화 왔다. 여보세요?"

이모는 가방에서 전화를 꺼내 귀에 갖다 댔다.

"응. 언니. 나 태풍이랑 같이 있어. 금방 들어갈게."

이모는 전화를 끊으며 말했다.

"우리 둘 다 집에 안 와서 네 엄마가 걱정했나 보다. 다 먹었으면 그만 갈까?"

"응. 이모."

태풍이는 이모를 따라 일어섰다.

욱하고 화내던
태풍이가 달라졌다!

그날 저녁, 집에 도착한 태풍이는 이모가 한 얘기를 다시 떠올려 봤다.

'정말 중요한 건 화가 났을 때 어떻게 표현하는지야. 어떻게 말하느냐에 따라서 결과가 달라지거든.'

태풍이는 자신이 화가 났을 때 어떻게 말했는지를 돌이켜 봤다. 그동안 태풍이는 욱해서 욕을 하거나 '너희 때문에 졌잖아!'처럼 상대를 비난하는 말을 많이 했다. 지금 내 마음이 어떤지, 내가 왜 화났는지를 얘기한 적은 한 번도 없었다.

'내 감정을 털어놓지 않으니, 다들 내가 왜 화났는지 이해하기 힘들었겠지?'

태풍이는 눈을 감고 생각해 봤다. 어쩌면 심부름 때문에 빛나 누나의 무대를 놓친 그날도, 이모처럼 말했다면 결과가 달라졌을지 모른다는 생각이 들었다.

태풍이는 똑바로 누워 이불을 목까지 끌어당겼다. 공연까지는 얼마 남지 않았고, 아이들과는 또 냉랭해졌다. 태풍이는 이 문제를 어떻게 풀까 곰곰이 생각했다.

다음 날, 학교가 끝난 뒤 수진이와 석현이, 민선이는 교실에 남았다. 태풍이가 아이들에게 할 이야기가 있으니 잠깐 보자고 했기 때문이다.

"할 얘기가 뭔데?"

민선이가 뾰로통한 목소리로 물었다. 태풍이는 아이들을 보며 속에 있는 말을 꺼냈다.

"저번에 심하게 화를 내서 미안하다. 사실 나는 그때 너희가 약속을 어기고도 대충 넘어가려는 것 같아 속상했거든. 앞으로는 서로 다투지 않고 잘 지냈으면 좋겠어."

아이들은 움찔했다. 태풍이의 얘기를 듣고 자신의 행동을 돌이켜 보니, 태풍이가 왜 그토록 화를 냈는지 알 것 같았다. 석현이는 태풍이를 보며 이야기했다.

"나도 미안하다. 약속을 까먹고도, 사과는커녕 대뜸 다음 연습 날짜를 잡자는 말만 했으니까."

석현이의 말에 이어 민선이와 수진이도 한마디씩 했다.

"나도 미안. 실은 그날 내가 엄마한테 많이 혼나서 기분이 우울했거든. 그래서 연습하러 가기 싫었어. 근데 미리 연락을 하지 않고 안 갔으니 네가 화날 만했지, 뭐."

"나도 미안해. 제대로 사과도 안 해서."

말을 마친 아이들은 조금 쑥스러운 표정이었다. 하지만 다들 마음은 홀가분해 보였다.

그날 이후 태풍이네 모둠은 공연 연습을 열심히 했다. 물론 아이들끼리 다툴 일도 줄어들었다. 태풍이가 예전 같았으면 버럭 화낼 일에도 웃으며 넘어가거나 '너 때문에'라는 말은 하지 않았다. 그 대신 지금 내 기분은 어떻고, 무엇 때문에 속상했는지를 차분히 얘기했다.

하루는 민선이가 연습해 오지 않아서 동작이 맞지 않았다. 태풍이는 "너 때문에 엉망이 됐잖아!"라고 버럭 소리치는 대신 "나는 동작이 잘 맞지 않아서 좀 속상해. 네가 집에서 연습을 조금만 더 해 왔으면 좋겠다."라고 민선이에게 차분히 얘기했다. 물론 민선이는 순순히 알겠다고 고개를 끄덕였다. 예전의 태풍이라면 상상도 할 수 없는 일이었다.

얼마 뒤, 태풍이네 반 아이들은 경로당에 봉사 활동을 하러 갔다. 아이들은 청소도 하고, 할아버지, 할머니의 어깨를 주물러 드리며 즐거운 시간을 보냈다. 그리고 마지막으로 준비한 공연을 펼치는 시간이 됐다.

"와! 장난이 아니다."

"저 모둠은 연습을 많이 했나 봐!"

첫 번째 무대는 기준이네 모둠에서 준비한 마술 쇼다. 기준이네 모둠 아이들은 준비를 매우 잘한 덕에 실수 없이 훌륭한 공연을 펼쳤다. 다음 무대로는 리코더 연주가 이어졌다. 수진이는 긴장된 표정으로 말했다.

"막상 공연하려니까 떨린다. 중간에 율동을 까먹으면 어쩌지?"

"나도 떨려. 어, 벌써 끝났네?"

민선이는 아이들의 무대에 박수를 보냈다. 그러더니 석현이를 보며 말했다.

"우리도 슬슬 옷을 갈아입고 준비해야 하지 않겠냐?"

"그래. 자, 여기 내가 준비한 반짝이 조끼가, 헉!"

석현이는 당황한 표정으로 입을 떡 벌렸다.

"어떡해! 어떡하지?"

"왜 그러는데?"

"설마……. 너, 옷을 안 가져온 거야?"

수진이와 민선이는 얼굴이 파랗게 질렸다. 옆에서 지켜보는 아이들도 수군거렸다.

"소품을 깜빡했나 보다."

"이제 한 팀만 더하면 공연할 차례인데 어쩌려고 저래?"

민선이는 인상을 찌푸리며 석현이에게 버럭 소리쳤다.

"야! 옷을 잘 챙겨 왔어야지!"

"이 일을 어떡해."

수진이는 울상이 되어 자리에 주저앉았다. 석현이는 풀이 죽어 얼굴도 들지 못했다. 다음 순간, 태풍이가 입을 열었다.

"얘들아!"

반 아이들의 시선은 온통 태풍이의 입으로 쏠렸다. 선생님과 아이들은 태풍이의 다음 말에 깜짝 놀랐다.

"깜빡할 수도 있지, 뭐. 어차피 지금 옷을 가져올 수도 없는데, 화내지 말고 공연이나 열심히 하자."

놀라운 일은 여기서 멈추지 않았다.

"어떻게 신경을 안 쓰냐?"

민선이의 말에 태풍이는 어깨를 으쓱하며 얘기했다.

"솔직히 생각해 보면 천만다행이잖아?"

"천만다행이라고? 야, 우리 모둠은 노래를 부르면서 춤추기로 했는데! 반짝이 조끼가 빠지면 맛이 나겠어?"

민선이는 여전히 인상을 쓰며 소리쳤다.

정태풍이… 끝이 아니네!

아얏

"만약 우리 공연이 마술 쇼나 리코더 연주였는데 소품을 챙기지 않았다면 큰일이었겠지. 하지만 우리는 춤과 노래니까 소품 없이도 신 나게 하면 잘되지 않겠냐? 정말 신 나게!"

태풍이의 말에 굳어 있던 민선이의 얼굴이 펴졌다. 수진이도, 석현이도 마찬가지였다.

"야, 태풍이가 저런 말을 하다니. 이거 꿈은 아니지?"

창근이는 동섭이의 볼을 꼬집으며 대답했다.

"꿈 아니거든! 정태풍이 요새 좀 달라지긴 했지만 이 정도일 줄은 몰랐다."

곧이어 태풍이네 모둠이 공연할 차례가 되었다. 아이들은 아무런 소품이 없었지만, 신명나게 노래를 부르며 춤을 췄다. 할아버지, 할머니의 반응도 지금껏 공연한 모둠 중에서 최고로 좋았다.

"좋구나. 좋아~~."

"아따! 잘한다, 잘해! 춤을 기가 막히게 추네!"

"얼씨구! 어깨춤이 절로 난다~~."

공연이 끝난 뒤 선생님은 태풍이의 등을 두드리며 칭찬해 주었다.

"태풍아! 오늘 정말 멋졌다!"

반 아이들의 눈길도 사뭇 달라졌다. 물론 같은 모둠인 석현이와 민선이, 수진이는 더 말할 것도 없었다.

"저기, 태풍아!"

집으로 가는 길에 석현이는 머뭇거리며 태풍이를 불렀다.

"어? 왜?"

"아까는 고마웠다."

"뭐가?"

"깜빡 잊고 반짝이 조끼를 가져오지 않아서 매우 당황했는데 네가 그렇게 말해 줘서."

말을 마친 석현이는 태풍이를 쳐다봤다. 태풍이는 무덤덤하게 별말을 다 한다고 얘기했지만 석현이는 분명히 보았다. 태풍이의 입꼬리가 위로 씩 올라가는 것을.

다음 날, 태풍이는 이모와 함께 나들이를 나섰다. 이모가 전시회를 위해 사진을 찍으러 나서는데 태풍이가 같이 따라나선 것이다. 파란 하늘에 시원한 바람까지 솔솔 불자 태풍이는 더할 나위 없이 기분이 좋아졌다. 이모는 미소를 지으며 태풍이에게 물었다.

"태풍아, 어제 공연은 잘 마쳤어?"

"응, 이모."

"공연 중에 별일은 없었고?"

"석현이가 깜빡하고 반짝이 조끼를 두고 왔는데, 그냥 신경 쓰지 말고 열심히 하자고 했어. 어차피 당장 옷을 가져올 수도 없는데, 계속 신경 쓰면 공연만 망칠 것 같아서."

태풍이에게 얘기를 들은 이모는 입을 다물지 못했다. 태풍이에게 이런저런 조언을 해 주긴 했지만, 태풍이는 이모의 생각보다 훨씬 더 잘 해내고 있었다.

"어우, 대단한데? 근데 이모는 좀 걱정스럽다."

"걱정스럽다고? 뭐가?"

"이번 일로 너한테 반한 여자애들이 엄청날 것 같은데? 너랑 서로 친하게 지내고 싶다고 막 싸움이 벌어지는 거 아니야?"

"에이, 이모도 농담은."

태풍이는 배꼽을 잡고 깔깔거렸다.

"오~. 막 웃는 걸 보니 생각만 해도 좋은 모양인데?"

이모는 깔깔대고 웃는 태풍이의 모습을 사진으로 담았다.

그날 저녁, 집에 들어온 두 사람은 하루 동안 찍은 사진을 들여다봤다. 물론 그중에는 태풍이가 활짝 웃고 있는 사진도 있었다.

"오늘 찍은 것 중에서는 이 사진이 제일 맘에 드는데? 이번 전시회에 이 사진도 걸어야겠다!"

태풍이는 이모가 들고 있는 사진을 들여다봤다. 그동안에는 늘 화난 얼굴로 다녀서인지, 자기 사진임에도 자신의 웃는 얼굴이 낯설었다. 하지만 이제는 이렇게 웃는 모습이 점점 많아질 것 같다는 생각이 들었다. '화'는 마음먹기에 따라서 얼마든지 조절할 수 있다는 걸 알게 되었으니까. 태풍이는 활짝 웃으며 이모를 향해 힘차게 고개를 끄덕였다.

부글부글 치솟는 화!
화는 무엇으로 만들어지는 거예요?

 왜 갑자기 참을 수 없을 만큼 '욱'하는 걸까?

어린이 친구들도 순간 욱하는 마음을 참지 못해 화를 벌컥 낸 적이 많이 있을 거예요. 그렇게 화를 내고 나면 마음이 시원해지기는커녕 오히려 더 짜증이 나거나 후회만 되는 일이 많지요. '다음에는 이러지 말아야지' 하면서도, 또다시 벌컥 '욱'해 버리는 이 마음! 이렇게 화가 난 내 모습을, 엄마도 아빠도 선생님도 친구들도 전부 싫어할 테지만, 무엇보다 나 스스로가 제일 마음에 들지 않을 거예요.

그렇다면 왜 이렇게 '갑자기' 악마처럼 변하는 순간이 올까요? 내 진짜 마음에 정말 이렇게 화가 많은 걸까요?

중요한 사실 하나를 알려 줄게요. 어린이 친구들의 이러한 모습은 '갑자기' 찾아온 것은 아니랍니다. 평소에 쌓여 왔던 감정들이 잘 해소되지 못하고 어느 순간 한꺼번에 터져 버린 것이죠.

 폭발하는 화 뒤에 숨어 있는 진짜 내 마음을 찾아봐!

우리는 누구나 다른 사람에게서 사랑을 받고 인정을 받고 싶은 마음이 있습니다. 그런데 이러한 마음이 받아들여지지 않고, 자주 야단만 맞거나 혼나는 일만 생긴다면 어떨까요? 내 마음속에는 나도 모르게 좌절감이 커지고, 만족스럽지 못한 마음이 생기게 되겠지요. 내 마음을 잘 몰라주는 친구, 내 노력을 몰라주는 것 같은 부모님, 나만 신경 쓰지 않는 것 같은 선생님, 기대에 못 미치는 나 자신까지. 온통 서운하고 속상한 마음뿐이네요!

자, 이런 불편한 감정들은 어떻게 해야 할까요? 대부분의 경우, 어린이 친구들은 이 감정들을 어떻게 흘려보내야 할지 몰라서 속으로만 꾹꾹 눌러 담는 일이 많지요.

특히나 내 속상한 마음을 잘 알아주고, 들어줄 사람이 없다면 더욱 그럴 거예요. 어쩌면 누군가에게 내 마음을 털어놓는 게 매우 두렵게 느껴지기도 하고요.

이런 일이 반복되면 '내 마음을 누구도 이해해 주지 않아!!'란 생각이 커지고, 소외감이 들기도 해요. 때로는 '나는 별로 중요한 사람이 아닌가 봐. 누구도 날 신경 쓰지 않잖아.'란 생각에 자신을 부정적으로 보게 되고요.

좌절감과 불만족감, 소외감, 낮은 자존감 같은 부정적인 감정들은 우리의 마음속 깊숙이 자리 잡고 있다가, 이 감정들이 건드려지는 어떠한 순간에 '뻥' 하고 폭발하고 맙니다. 우리가 '욱해서 화를 벌컥 내는 때'가 바로 이러한 순간이지요.

하지만 내 마음대로 속상한 마음을 지워 버릴 수도 없고, 또 속상한 일이 생겼는데, 속상해하지 않을 수도 없잖아요? 이것이 바로, 이 부정적인 감정을 잘 받아들이고 어떻게 해소하는지를 알아야 하는 이유랍니다!

누구나 야단맞을 수 있어! '화'보다는 '자신감'으로!

감정 조절이 어렵고 '욱'하는 친구들은 평소에 칭찬보다는 야단이나 부정적인 평가를 받기가 쉬워요. 그렇게 되면 마음속에 더욱 불만감이 쌓이게 됩니다. 불만감이 있으면 더욱 욱하고 화내는 일이 많아지죠. 그로 인해 혼이 나 또다시 불만감이 쌓이게 되고요. 이렇게 차곡차곡 쌓인 불만감이 자꾸 폭발되는 악순환이 되풀이된답니다.

그래서 무언가 야단을 듣거나 부정적인 평가를 듣더라도, 그러한 말들을 반복적으로 곱씹으며 침울해지기보다는 어떻게 하면 이러한 상황을 벗어날 수 있을지 적극적으로 해결 방법을 찾아보는 게 중요해요.

부정적인 평가에 주눅 들어 의기소침해 있지 말고, 스스로 잘할 수 있을 거라는 자신감을 갖고 문제에 대처하려고 노력하는 태도가 필요한 거지요. 자신감 있게 적극적으로 문제를 해결하려고 노력하다 보면, 그 과정에서 만족감도 커지고, 그만큼 '욱하는 일'도 줄어들게 되거든요.

부모님들과 함께 보세요!!

　부모님들은 화가 불끈 솟아오르는 어린이 친구들이 있다면, 어린이 친구의 이야기에 좀 더 귀를 기울여 주세요.

　어린이 친구들은 평소 자신의 마음을 잘 표현하지 못하고, 부정적 감정들을 마음속에 쌓아 두는 경우가 많기 때문입니다. 어린이 친구들은 어른처럼 합리적으로 감정을 표현하고, 해소하는 방법을 잘 알지 못해요. 감정이 주체할 수 없을 만큼 커질 때도 어떻게 조절해야 할지 모르지요. 그래서 갑자기 뜨거워진 감정을 잘 다스리지 못하고 충동적으로 내뱉게 됩니다. 어린이 친구들은 주위를 바라보는 시야가 좁기 때문에 자신의 행동에 대한 결과를 잘 예상하지 못하고 순간적인 감정에만 치우치는 경우도 많습니다.

　그렇기 때문에 부모님들이 어린이 친구들의 이러한 불편한 감정들이 잘 해소될수록 도와주어야 합니다. 어린이 친구들이 어떠한 생각을 하고 있는지, 힘든 일은 없는지, 고민은 없는지 민감하게 살펴보고 이야기를 들어주는 것이 큰 도움이 됩니다. 어떠한 비판이나 비난 없이 아이의 이야기를 그냥 그대로 들어

주는 것이 중요합니다. 부모님이 어린이 친구의 이야기를 듣고 "힘들었겠다. 속상했겠다."란 공감을 해 주는 것만으로도 도움이 됩니다.

또 하나, 어린이 친구의 장점은 무엇인지 살펴보고, 그것을 끊임없이 칭찬해 주세요. 어린이 친구가 어떤 것을 잘할 수 있는지 알아봐 주는 것이 필요합니다. 그것은 아이에게 자신감을 심어 주고, 문제 상황에서 효율적인 대처 방법을 찾을 수 있는 여유와 힘을 길러 주기 때문입니다.

부모님 스스로 감정 조절의 모범이 되어 주세요!!

화를 잘 내고 감정 조절이 어려운 친구들은 부모님께서도 화를 내거나 짜증을 자주 내는 경우가 많아요. 이러한 부모님의 모습을 아이들은 알게 모르게 배우게 된 것이지요. 부모님 스스로 감정을 잘 다스리고, 답답하더라도 화를 벌컥 내기보다는 차분하게 대화로 푸는 모습을 보여 주세요. 어린이 친구들은 이러한 부모님의 모습을 보면서 자연스럽게 긍정적인 감정 조절 방법을 따라 배우게 될 것입니다.

    이 책을 읽고 있는 어린이 친구들은 분명, 더 이상 사고뭉치나 문제투성이가 되고 싶지 않은 마음이 클 것입니다. 그 누구보다도 학교에서 친구들과 잘 지내고 싶고 선생님께도 칭찬을 받고 싶은데, 잘되지 않아서 너무 속상하지요. 집에서도 더 이상 부모님이나 형제들과 싸우지 않고 재미있게 지내고 싶겠지요.

    자, 어떻게 해야 이 모든 것들을 잘 이룰 수 있을까요? 다음과 같이 따라 해 보세요.

내 안의 분노, 화를 잘 푸는 방법이 있어!

　응. 속상하고 화나는 일이 있다구요! 그럴 때는 풍선이나 신문지를 이용해서 화를 날려 보세요. 어떻게 화를 풍선으로 날릴 수 있을까요? 자, 방법을 알려 줄게요. 먼저, 화나는 일이나 화난 상대방을 생각하면서 풍선을 크게 분 뒤, 풍선 안에 화나는 일을 집어넣었다고 생각하고 펑 터뜨리는 거예요. 친구들과 함께 재미난 이야기를 하면서 게임을 하듯 풍선을 터뜨려도 재미있을 거예요.

　신문지도 풍선과 마찬가지로 활용할 수 있어요. 신문지를 화나는 대상으로 생각하고 돌돌 말아 구겨 보거나 찢어 보고, 쓰레기통에 버리는 거지요. 그러면서 화나는 일들을 함께 버리는 것이지요. 말끔하게 화를 밀어내는 방법, 간단하지요?

 스트레스, 고민이 있다면 이렇게 해 봐!

　친구들이나 부모님에게 고민되는 일을 이야기해 보세요. 왜 그래야 하냐고요? 이야기를 하는 것만으로도 스트레스가 반으로 줄어들기 때문이에요.

이야기하는 것이 영 내키지 않는다면, 밖으로 나가 땀 흘리며 운동을 해 보세요. 산책을 하고, 야외 활동을 해 보는 것도 좋아요. 스트레스나 고민이 있을 때 가만히 처져 있는 것보다는 밖에서 활발하게 활동하는 것이 도움이 된답니다. 기분 전환이 되어 다시 기운과 용기가 샘솟는 내 모습을 보게 될 거예요.

 화를 낸 다음에 일어날 일을 생각해 보자!

화가 나는 순간에 잠시 모든 걸 멈추세요. 그런 다음 1부터 10까지 천천히 세어 봅니다. 숫자를 하나씩 세어 가면서 화가 조금 누그러드는 걸 느낄 수 있을 거예요. 그러고 나서 내가 지금 화를 냈을 때, 나의 행동 뒤에 닥쳐올 일들을 예상해 봐요. 아마 상대방과 더 크게 싸우게 되거나 어른들에게 꾸지람을 듣게 되겠지요. 부정적인 평가와 야단은 더해질 것이고요. 이렇게 화를 내기 전에는 항상 화를 낸 다음에 나타날 일을 생각하면서 행동하는 연습을 해 봅시다.

'나 전달법'으로 대화해 보자!

화를 내지 않고 효과적으로 내 의사를 전달하는 방법에는 뭐가 있을까요? 그 한 가지 예로 '나 전달법'이라는 대화 방법이 있어요. '나 전달법'이란 '나'를 주어로 하여 상대방의 행동에 대한 내 생각이나 감정을 표현하는 것이에요. "나는"이라는 표현을 씀으로써, 상대방의 행동을 함부로 판단하지 않고, 내 감정과 바람을 있는 그대로 말하는 것이지요.

 왜 "나는"이란 표현을 쓰냐고요?

예를 들어, 친구에게 화가 났다고 가정해 볼게요.

우리는 이야기를 할 때, 친구의 행동을 자기 식대로 함부로 판단해 말해 버리는 실수를 자주 저질러요. 그래서 친구의 어떤 행동이나 사실 때문에 화가 났는지를 제대로 전하지 않고 화가 난 감정만 이야기하는 일이 많지요. 무턱대고 화난 감정만 전해 들은 친구는 매우 황당할 거예요.

'나 전달법'을 사용해 "나는"이라는 표현을 쓰면, 우선 '내가 어떤 감정을 느끼는지, 그 감정은 어떤 행동이나 사실 때문에 온 건지, 그리고 어떻게 되기를 바라는지'를 먼저 생각하게 되요. 그리고 그것을 친구에게 이야기할 수 있게 되요. 이렇게 이야기하면 친구는 내가 어떤 상태이고, 어떤 감정이나 바람이 있는지를 잘 알 수 있게 되지요.

게다가 이 방법으로 말하면 친근하고 편안한 분위기를 가지고 이야기하게 되기 때문에, 상대방과 싸우거나 언성을 높이지 않고도 자신의 감정을 잘 전달할 수 있지요.

예를 들어 볼까요? "너는 왜 맨날 친구들만 놀리고 못되게 구니?!"라고 이야기할 뻔했나요? 이걸 나 전달법으로 이야기해 보세요. "나는 네가 놀리면 정말 속상하고 슬퍼져. 나는 네가 나를 놀리지 않았으면 좋겠어. 그러지 않고 너랑 잘 지냈으면 좋겠다."라고 말이에요.

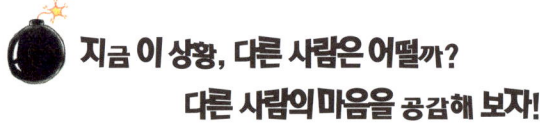
지금 이 상황, 다른 사람은 어떨까? 다른 사람의 마음을 공감해 보자!

화가 나면 일단 내 말이나 행동으로 인해서 상대방이 얼마나 상처 받을지를 생각할 여유가 없지요. 화나서 충동적인 행동부터 하게 됩니다. 그러니 항상 기억해야 해요. 상대방도 내 말이나 행동 때문에 나만큼이나 상처 받고 힘들어할 수 있다는 것을 말이에요. 화난 마음을 말하거나 행동하기 전에 그 사람의 입장은 어떨지 생각해 보세요. '내가 그 친구라면 어떻게 느낄까?' 하고 생각해 본 다음에 행동해도 늦지 않아요. 그렇게 되면, 성급하게 일어나는 다툼과 갈등도 줄어들 수 있을 거예요.

'어린이 친구들의 화와 속마음'에 대한 재미난 글은
심리치료사 박진영 선생님이 써 주셨습니다.